企业社群运营模式

引爆新媒体

戴赛鹰◎著

SPM
南方出版传媒
广东经济出版社
·广州·

图书在版编目（CIP）数据

引爆新媒体：企业社群运营模式 / 戴赛鹰著．—广州：广东经济出版社，2016.8
ISBN 978-7-5454-4675-3

Ⅰ．①引…　Ⅱ．①戴…　Ⅲ．①企业经营管理－管理模式－研究
②企业管理－网络营销－研究　Ⅳ．①F270 ②F274

中国版本图书馆CIP数据核字（2016）第163687号

出版发行	广东经济出版社（广州市环市东路水荫路11号11~12楼）
经销	全国新华书店
印刷	北京旭丰源印刷技术有限公司（北京大兴区采育镇东半壁店村村委会西北800米）
开本	880mm×1230mm　1/32
印张	7.25
字数	130 000
版次	2016年8月第1版
印次	2016年8月第1次
书号	ISBN 978-7-5454-4675-3
定价	42.00元

目　录

思维转型：
+互联网还是互联网+

爆品战略：把产品做到让用户尖叫

传播战略：把企业做成内容提供商

社群战略：把过去的积累轻松变现

01 PART

思维转型：

+ 互联网还是互联网 +

1.1
乱纪元：互联网思维颠覆了谁

“乱纪元”这个概念出自刘慈欣的科幻小说《三体》一书，他在这本书中说有一个世界是恒纪元，在恒纪元中所有的商业规律都是恒定的，而到了乱纪元中，所有的规律都将被全部打破。所以有专家就用这个词语来描述移动互联网时代，认为移动互联网就是新一轮的纪元。

现在的人们已经离不开智能手机，离不开iPad了，微信和微博已经统治了人们的精神，移动终端已经主导了人们的生活。我有两个微信号，共加有5044个人，我一天大概会刷6小时的微信。再比如我的朋友管鹏——“K友汇”的创始人，他一天要刷16个小时的微信。移动终端现在已经渗透到我们生活的方方面面，也给我们的生活带来了一系列的变化。

现在对于创业者来说也是一个特别幸福的时代，不单是因为

政府支持所有人都出来创业的政策，更关键的是移动互联网已经改变了我们的生活方式。当生活方式发生改变后，如果我们还采用传统的品牌营销观念来做事情的话，就会发现有的事情会越做越难，我们也越来越不懂得该如何去做。这是因为由智能手机等新科技带来的社交关系的变化已经打乱和推翻了过去的商业规律，我觉得这对于创业者来说是一件非常好的事情。因为在这种情况下，那些传统的企业在很短的时间内就会消亡，而一些新型的、小规模的企业则有了更多发展的可能性。

百度公司的创始人李彦宏最早提出了“互联网思维”，但是由于不同的人对于互联网有着不同的看法与见解，所以“互联网思维”这个词语在社会上也就有了不同的解释。总体来说，所谓的互联网思维是指在互联网+、移动互联网+、云计算、大数据等技术不断发展的背景下，人们对用户、产品、市场、企业价值链甚至对整个商业生态圈重新审视的思考方式。虽然这种思考方式是在互联网快速发展的背景下诞生的，但并不意味着这种思考方式仅仅局限于互联网企业。互联网时代下，所谓的互联网并不只是人们口中的因特网，而是泛互联网，是指在互联网中衍生出来的各种网络形态。

我们今天能够看到的信息已经是十年之前的 100 倍，一百年之前的 10000 倍。智能手机成为社交关系的中枢，我们也已经被各种各样的信息所包围。我们在手机上读新闻，在手机上买东西，甚至找男女朋友也会在手机上进行，各类型的信息充斥在我们的生活中。人们获取信息的方式以及生活方式的改变促使了互联网思维的诞生并颠覆了传统，事实证明，互联网思维已经颠覆了我们传统的思维方式和生活方式。

互联网思维对于我们的生活，对于一些想要创业的人以及一些企业家来说，都有着重要的意义，已经颠覆了传统的模式，新的生活方式以及新的商业模式正在应运而生，能够掌握并且准确运用互联网思维的人才能在互联网时代获得相应的成功。对于普通人来说，互联网思维颠覆了我们的生活方式，比如以前没有“滴滴打车”的时候，打车是非常麻烦的，我们会在寒风中等半天才会等到车，而现在你只要用手机轻轻一按，几分钟后车就会出现在你的身边。再比如我们可以通过手机订外卖，通过互联网进行网购、进行英语学习等，这些都是互联网时代中日常生活发生的一系列变化，互联网思维能够使我们的生活变得更加简单而有质量。

而对于创业者以及企业家来说，互联网思维则更加重要。在互联网时代，传统的商业模式根本无法适应时代的发展与变化，只有借用互联网思维颠覆传统的商业模式，运用新的商业思维，才能使企业在时代发展中快速地发展。互联网思维对于商业模式的颠覆体现在商业运作的各个方面。

1.对品牌建立者的颠覆

品牌建立者通常会依据产品的本质以及市场的需求而建立相应的适合自己发展的品牌模式，互联网思维颠覆了品牌建立者的思维方式，从而也就颠覆了品牌的模式。在传统商业中，品牌模式是品牌建立者根据市场调研的结果，对品类进行划分，从而对品牌进行定位，所以，品牌不是品类的开创者就是品类的跟随者。品牌都是依据品类而起的，品牌建立者在划分好品类后就会对产品、产品价格及产品渠道等各方面的内容也进行规划，从而确立自己的品牌模式。一般来说，传统的企业都具有产品线丰富的特点，其中防御产品、拳头产品以及利基产品等各条产品线都充当了不同的角色，很少有产品线单一的企业。

而在互联网思维中，对于品牌模式的颠覆表现在用做互联网产品的方式去做传统行业的产品，要求企业产品线单一，专注于一个产品而达到简单极致的要求，这和传统企业的产品线规划是互相矛盾、互相冲突的。传统行业的产品形态和销售渠道决定了企业不可能只有一种产品，产品线单一并不能满足消费者的多样化需求。例如“两面针”在与“佳洁士”的对峙中败下阵来，很大一部分原因就在于“两面针”的产品线单一，而“佳洁士”的产品线则较为丰富，能够满足消费者的各种需求。

所以对于传统行业以及传统企业来说，单一的产品线在线下很难行得通，并且运用互联网思维的企业通常是在网上进行销售，这种销售渠道的确立很大一部分原因也是产品线的单一。与传统行业相比，网上销售是一个很有效果的创新，正是因为产品线单一，也就决定了产品必须在网络上销售才能获得销售量。网购人群广泛，就算企业只有一款产品，但是买单的人则能达到数十万甚至数百万，在线下绝对不会有这么大的购买力。如果“小米”当时也仅仅只是在线下销售的话，销售量绝对不会如此可观。

2.对于营销者的颠覆

传统行业的品牌以及营销一般的流程都是先找准品牌的定位，创建一个新品类，之后便是电视广告、公关、开展活动等一系列宣传产品特点以及功能卖点的营销手段。而在互联网思维下，传统的营销模式发生了很大的改变，在互联网快速发展的背景下，传统的营销手段所带来的时效性以及影响力都大打折扣，消费者也已经厌倦了企业王婆卖瓜式的叫喊，而将注意力都放在了其他消费者的消费经验上，也就是说消费者如果喜欢产品，就会自动为企业宣传。

这也是现在我们常说的“粉丝经济”所带来的影响与变化，企业不用自己去传播去宣传，消费者会自发地帮助企业宣传，把产品以及产品的内容传播出去，并且其带来的影响力要远远大于企业自己的宣传。互联网思维下的用户思维，要求产品的设计以及营销传播都由用户自己来完成，企业只是搭建一个桥梁。用户病毒式地传播产品信息，充分发挥网络的长尾效应，对于营销模式的颠覆值得所有传统行业学习，新时代的社会化环境下应当有新的传播方式出现。

3.对商业模式的颠覆

互联网思维的颠覆中，商业模式的创新无疑是最大的一个颠覆。在互联网思维中有一条平台思维，平台思维的产生与变化对商业模式的颠覆有着重要的作用。平台思维，简而言之就是周鸿祎说的要么把产品的体验做到极致，要么把产品做到免费或者收费非常便宜。这里所说的免费并不是真的一分钱不收，而是在后期进行收费。企业之所以会把产品的价格定位到免费，是因为企业在构建一个更大的生态链，构建一个更大的平台。在这个平台和生态链中，企业可以进行后期的收费。

在平台思维以及平台模式的冲击下，传统行业则显得有些不堪一击，在传统行业中，可能最有利润的一环在互联网行业的整个生态链中是最不赚钱的一环，比如手机行业中的主要收入就是靠手机卖钱，但是小米手机却是硬件免费。“小米”做硬件只是为了软件服务，商业模式与传统的手机行业完全不同，但是正是这种不同与颠覆才使得小米手机在商业浪潮中取得一次又一次的可观成绩。

互联网思维具有系统性，所以传统行业想要转型时，一定要全面地运用互联网思维，不能断章取义，要用系统性的思维模式对企业进行全局性的改革，只有这样才能将企业成功转型。

1.2 社交思维：移动互联网改变生活

目前，互联网用户已超过 9 亿，手机用户高达 12 亿，微信用户超过 7 亿。这些用户的关注点在哪里，哪里就有机会！

移动互联网，就是以移动网络当作接入网络的互联网与服务，它将移动通信与互联网密切结合，使之成为一个整体。近几年来，移动通信与互联网成为当今世界发展最迅猛、市场潜力最大以及市场前景最诱人的两大业务。从技术上而言，移动互联网指的是以宽带 IP 为核心，可同时提供语音、数据以及多媒体等业务服务的开放式基础电信网络。从用户一方来说，移动互联网指的是用户使用手机、iPad、上网本等终端通过移动网络获取移动通信服务或者互联网服务。

目前，移动互联网正日益渗透到生活、工作以及学习的各个领域，正在推动生产和生活方式的转变，一种未来生活的可能性正逐渐揭开面纱，这种转变的背后正是移动互联网时代思维方式的变化。就像UC优视董事长兼CEO俞永福说的，从PC到移动，是互联网对每个人的生活从渗透到占领的过程。人们正在改变的生活习惯，其背后都有对应的被改变甚至被颠覆的行业。打车软件在改变人们招手打车的习惯，出租行业生态在变化；“余额宝”等理财产品将人们的钱从银行挪了出来，个人理财的途径在增多；“京东”正在试验的新功能中，用户只需提供自己的身高、体重数据就可在网上试穿衣服，在未来，线下商场可能连“淘宝试衣间”的地位都难保……

1.行为方式和生活习惯正在改变

移动互联网随时、随地、随心分享的特性完全迎合消费者的需求，未来“人机合一”的关系将更加牢固。我们不仅置身在传统互联网中，而且已经被移动互联网“包围”。随着智能手机和平板电脑的普及，移动互联网已经融入我们的生活中，潜移默化地改变着我们的生活方式。

2.娱乐移动化

SoLoMo正在成为主流，构建了一个庞大的移动互联网络，丰富的移动应用把娱乐移动化，人们可以随时、随地、随时使用网络娱乐自己、娱乐大众，一有时间就通过手机看新闻、查天气、翻阅电子书、查股票或者玩游戏，移动娱乐走进了我们的生活。

3.大数据使生活无隐私

随着智能手机应用不断丰富，可穿戴设备大量涌现，数据搜索越来越容易，为我们带来价值的同时，也给我们带来烦恼，未来我们可能无任何隐私可言。例如，我们平常在手机里下载大量的APP，而这些APP很多都要求对用户数据进行分析和整理，当你刚从产房里出来时，接到的第一个电话可能不是来自你的朋友，而是来自婴儿奶粉厂商或是婴儿尿片厂商，他们通过数据分析甚至可能精准地知晓你的孩子是男孩还是女孩。

4.信息量增大，信息传播更加畅通

移动互联网精准搜集每个个体信息，信息成倍增长。上网购物会产生购物行为分析，刷微博会产生微博浏览分析，用微信、易信等交友会产生交友搜索。我们每天在新闻APP、移动天气、移动QQ、微信等应用中产生大量数据。同时这些应用的海量信息让人们在移动互联网中畅通无阻，消息传播不再受时空的限制。

5.社交网络越来越广，但人会越来越寂寞

事实上，未来在移动终端上可以实现多种功能，人们的社交圈也在逐步网络化。人们一拿起手机会感觉到世界就在身边，一放下手机就会觉得被社会遗弃。这让人们越来越依赖网络、手机，人与人之间的语音交流、面对面交流越来越少。随着移动应用程序的普及，手机已经不再只是一个基本通信和信息传递的终端，而是成为人们随身携带的一个娱乐终端。几乎每部智能手机上都装有电子地图，这已经成为衣食住行的标准配置，至于其他基于位置服务的搜索更是不胜枚举。同时，对新闻信息以及娱乐信息的即时搜索，甚至是基于微博平台的实时搜索，都可以通过移动搜索来完成。移动互联网服务使我们可以即时获取各种信息，这也正是移动互联网的魅力所在。

1.3
内容思维：让信息在关系链中流动

以前我们接收信息都是通过大众媒体，比如电视、报纸等，但是现在大部分人已经很少看电视，尤其是不再从电视上看新闻了，而且报纸的阅读率也大大地降低。现在大部分人都是从社交媒体中获取信息，比如手机的新闻客户端、微博、微信等，而且很多信息和社交媒体传播信息的速度已经远远快于大众媒体了。比如之前关于天津的那场灾难我首先就是在朋友圈里看到的，之后我才去微博上去搜这条新闻。微博上把天津是哪里起火、起火的原因等各方面都交代得比较清楚。在过了一两个小时之后我们才在新闻客户端上看到了这条新闻，直到第二天报纸上才刊登了这条新闻。现在大众媒体的传播速度已经远远不如社交媒体了。

像报纸、电视这一类型的机构媒体有一定的权威性，它报道新闻时是比较公正、公开的，是没有播报者自己个人角度的。但现在我们接收信息更多是通过个人媒体、一些自媒体。这些自媒体不但会把信息发布出来，而且会把它对信息的评价和观点告诉我们。我们看到的不只是一条干巴巴的信息，而是对信息的整个点评，包括对信息的每一个思索，这种方式会跟以前有很大的不同。

以前的信息传递叫集中分发，是指重要的信息会选一个时间点集中向所有人分发。比如以前全中国炒股的人都会在第二天早上买证券报去看证券机构有什么样的新信息要发布；全中国关心国家大事的人都会在晚上七点钟坐在电视机旁边观看中央台的新闻联播等。而现在我们接收信息的方式是随时转发，比如我看到天津爆炸起火的信息时，可能马上会转发到朋友圈为他们祈福。这样每一条信息都是通过转发来实现它的价值，因为信息的及时性以及信息本身适合转发的程度都会决定这条信息的价值。以前我们都是单向地传输信息，更多的是通过媒体去接收信息，而现在有了朋友圈，我们就可以随时随地在第一时间接收到信息。

朋友圈有一个特点，那就是朋友圈的信息是通过社交关系来发酵的。基于此，我的一个朋友徐志斌，他写了一本叫作《社交红利 2.0》的书，书中对社交营销有一个特别明确的定义：社交营销就是让别人去谈论关于你的话题，让信息在关系链里流动。这其实也就是朋友圈的价值。单向传输信息的时候这条信息能不能传播不是由媒体决定的，而在于你能不能吸引大家的注意，能不能形成话题，能不能让信息在关系链里不断地往下流动，所以现在朋友圈的内容已经成为用户参与的一种社交货币了。简单点说，就是现在用户会转发什么样的信息，其实是跟他自己的需求有关的，比如我在我的朋友圈里就会不断地去转发一些跟创业、投资相关的信息，甚至会把一些我认为好的书的内容在朋友圈里转发。我在朋友圈里肯定不会去转发一些低俗的笑话，即使我个人也许会很喜欢。因为如果我在朋友圈里发那些低俗笑话的话，我觉得别人会把我的层次看得不一样。我也不会在朋友圈里发一些微商的东西，每次我帮别人发一些产品广告的时候我一定会加上“还债，帮别人转”的字样。其实我们转发什么内容跟我们自己、跟别人沟通的社交货币相关。

此外，现在的媒体具有可评价化的特征。以前我们从媒体上看新闻时，看到的都是干巴巴的新闻本身，但是现在手机客户端的新闻变成可以评价了。比如说，我记得当时有一个挺吸引人的新闻是加拿大的一个华人富豪被分尸，当时我是在网易新闻中看到的，我不只是看了 300 多字的正文，还看了后面的几百条评论。这几百条评论把这个华人富豪是谁、是怎么发财致富的、他贿赂了哪个高管、有多少女人、有多少私生子、现在他们私生子已经要打官司争家产等各种信息全都扒了出来。当然，也许下面的这些评论全都是谎言，全都是编的，但是现在评价的消费已经是对信息消费的一部分了。

现在的很多“90后”都喜欢去A站和B站，都是有弹幕的一种视频播放网站。包括后来很多视频网站都把弹幕的功能加进去了，我听说有的“90后”看一部电视剧看的已经不是电视剧本身了，因为弹幕已经把电视剧内容全都覆盖了。这些媒体传播信息方式的变化其实对于我们的生活和思维方式的改变，影响都是巨大的。在商业世界中有一个很重要的点就是需要传播，随着传播方式的改变，随着信息内容是否能够打动消费者的改变，作为商家，如果你不去改变的话怎么可能在商业上获得成功呢？所以在这个时代，传播更多的不是事实和真相，而是情绪和梦想。事实和真相可以由权威媒体告诉你，但是情绪和梦想会在朋友圈里形成病毒。

由于现在的信息大爆炸，每天充斥在我们生活中的信息太多，所以就会出现“我不知道该看什么样的信息，我不知道什么样的信息该如何评价”的现象。很多人现在都是因为喜欢某一个人传递的信息而去关注这个人，从而又从这个人这里去获得更多的信息。所以社会上就有了像“罗辑思维”这样的社群，罗友们从罗振宇那里去吸取信息。这些信息是经过罗振宇个人筛选和评价的，与以前的信息相比，更加简单化地去解剖一些事情和真相，更加有消费的价值。事实上传播的达人化是一种有中心的病毒的自传播。

1.4
用户思维：传统企业没有用户

企业在建立互联网商业模式的时候，首先应该遵循“用户至上”的原则，而在传统的商业模式中，企业是没有“用户”这个概念的，只有“客户”这个概念。传统的商业时期，我们认为用户就是买产品或者使用产品的人，但是在互联网时代尤其在移动互联网时代，买了你的产品其实对你没有价值，就是说一个产品如果你卖给了一千万个人，但是并不是说你的用户就有一千万。用户是有账户、有机会跟你互动的人。他买了你的产品，建立了账户，这个账户是你能够和他互动的，而且他会经常激活这个账户，会通过这个账户来和你进行沟通。换句话说就是如果有一千万人买了你的产品但是没有一个人跟你沟通的话，事实上你连一个用户都没有。

在移动互联网时代，用户的定义之所以会发生变化是因为这个时代的用户已经需要去跟企业进行社交互动了。在这个时代中，“80后”已经成为绝对意义上的消费主体，“80后”“90后”他们对精神消费的知觉正在萌芽。因为他们生长的时代是一个物质相对丰富的时代，他们不会像“70后”“60后”那样经历体验过很多的物质匮乏，所以他对产品不只是希望去从中获取相应的功能，更需要产品背后带来的品牌的归属感和自我认同。用户买产品更多的是需要一个社交标签，这个社交标签对于自己来说是带来一定价值的。

比如买小米手机的人他贴的标签就是“我是发烧友”“我是互联网”“我是了解互联网并走在前沿的人”。那么当他看到“苹果”手机的用户时就觉得使用“苹果”手机的都是土豪，但却是不懂手机的人，因为只有“小米”发烧友才是真正懂手机的人。所以不同的手机用户给身上贴了不同的社交标签，甚至用什么样的APP也是在贴不同的社交标签。比如说我们都用微信这些社交工具进行沟通，但是有的“90后”就会觉得用微信的人已经out了，他们会专门选择一些“90后”的独特的社交工具。所以当用户有需求的时候，就需要企业去提供更多的东西，给用户提供更多的情感价值。

想成为一个成功的互联网企业，拥有海量的用户群只是一个非常基础的考虑。传统企业在转型的时候，不应该只是简单地考虑在网上卖东西，把原来跟客户打交道的这套方法也搬到互联网上，而是应该首先考虑如何能给用户提供一些有价值的服务，考虑怎样让更多的人通过使用你的产品和服务而成为你的用户。所有成功的互联网商业模式都不仅仅只是考虑“客户”，而是把精力更多地放在“用户”身上。对于互联网企业来说，用户是使用自己产品和服务的人，但是他们未必会向企业付费。每一个成功的互联网企业都是要么有足够多的用户，要么就是提供免费服务。

除了用户需要跟企业进行互动外，现在的企业也需要去和用户进行社交互动，这是因为现在的信息权已经在向用户转移了。大家都知道如果用户对某一个产品不满意，他会有很多手段去跟企业沟通，而这种跟企业沟通的方式企业也不得不去重视。比如说现在有微信、微博等很多社交媒体的平台。这些社交媒体的平台其实是需要企业去管理的，需要在上面跟用户进行互动，只有这样才能在移动互联网时代为企业带来丰富的无形价值。

我们“三个爸爸”公司里管社交媒体的人员一般每天早晨起来就去网上搜三个东西：第一，搜微博热门榜，看看有哪些好玩的东西；第二，搜空气净化器，看看跟空气净化器发生关系的一些热门事件；第三，很重要的就是搜“三个爸爸”这个关键词，看看有没有发生什么跟“三个爸爸”相关的事件。看看有什么样的用户说好，如果好的话我们会通过微博转发，把口碑放大。如果有用户投诉，我们会在第一时间跟他联系，说我们的售后马上就会介入，请求他能不能把投诉撤销掉，我们先去了解一下情况。这是一个非常小的点，但是在这个时代中如果不重视的话可能会酿成大祸，最终给企业造成不可估量的损失。

与用户沟通是一个企业在发展过程中必不可少的重要环节，在与用户的沟通中，企业可以更加清楚地知道产品的定位与用户的真正需求。如果不能做到与用户真正地沟通，对于企业的发展绝对是不利的。正如大家都知道的西门子砸冰箱事件，如果当时西门子的客服或者工作人员可以及时和罗永浩沟通的话，可能就没有那次事件了。这对于各个企业来说都是一个教训。

除了处理投诉和了解口碑之外，企业还需要让用户有更多的参与感，让用户参与到产品研发的各个环节中。现在社会都在讲产品型，企业需要用户对产品有更多的了解，需要用户来参与研发产品，并且通过这种参与跟用户建立更多的情感联系。企业跟用户的互动越深，就能跟用户建立越强的关系，促使用户购买产品，将只是弱关系的用户变成强关系的“粉丝”。

1.5
品牌思维：像奢侈品一样经营品牌“逼格”

和互联网思维一样，人们对于品牌的解读也各不相同，有的人认为品牌就是广告传播知名度，有的人认为品牌就是商品品质再加上市场服务。对于企业而言，以前开拓市场凭借的就是品牌，为什么要做品牌呢？实际上品牌这一概念来自二十世纪四五十年代的美国，当时的一些企业从商业的角度出发，拓展出来一种促进产品销售的工具。品牌的出现是由于产品同质化现象的严重，从广告史的发展来看，当产品有自己独特卖点的时候，销量是肯定会提高的，但是一旦市场上出现产品同质化的现象，由于产品都是一样的，这时候就需要树立自己的品牌，需要用品牌来促进产品的销量。

因为品牌有自己的形象，有它背后的情感。从品牌思维的角度来讲，这还是一种大众媒体广告的思维。企业通过大众媒体在消费者接触点营造出来一个意境，当市场上的产品没有差异的时候，拥有品牌的产品则会有差异，这就可以保证产品依然能够保持自己的卖点，从而保证产品的销量。现在的媒体已经发生了变化，传播的方式也发生了改变，大众传播已不存在了。现在的企业应该去钻研并进行社交传播，而事实上，社交传播从本质上来说和做品牌的方式也不一样，但并不是说不做品牌，品牌是一定要做的，是通过讲故事，通过病毒的方式来促进品牌的传播。在社交传播时代，对于企业而言最好的方式就是一针捅破天，让消费者去帮助企业推广产品。品牌思维是大众媒体广告时代的做法，而现在的社交传播时代单品思维成为绝对的选择。

要想树立好品牌，首先要正确把握住品牌的内涵，即把握住品牌的内在本质，让消费者对品牌有更深入的了解，从而增强企业实施品牌的动力。一般而言，品牌的内涵主要体现在以下四个方面。

1.独特的属性

一般而言，品牌反映了产品所具有的独特属性，能够让消费者在提及该品牌时就会“联想”到产品的属性，换而言之，品牌就是产品所有属性的一种高度浓缩的标志性的指标。例如人们在提及万达地产品牌时首先会“联想”到该品牌所具有的优美的小区环境、建筑质量以及全方位的物业管理服务等属性。

2.定位

品牌所具有的个性决定了品牌在市场上的定位，品牌暗示了购买或使用产品的消费者的类型。品牌定位就是确定品牌所要面对的目标顾客群，建立企业的产品在目标市场消费者中的形象和地位，企业会在品牌分析的科学基础上选择最合适的品牌定位。

3.文化

品牌同时也代表了一种文化，这种文化往往包含企业文化和产品文化等。例如北京的SOHO现代城所包含的除了高质量的服务，还代表了一种全新的生活理念。

4.利益

消费者购买某种产品时，除了该产品、该品牌所包含的独特的属性外，还有一点就是产品所带来的利益，产品的商品属性转化为情感性或者功能性的利益。消费者会通过产品从而满足自己的一切需求。

总而言之，事实上品牌并不仅仅是一个名字，更像是一个复杂的系统，里面包含了产品的属性、企业的文化以及消费者的利益等各方面。消费者在购买产品时，仍然会将品牌作为参考来进行消费行为。所以企业在经营时，应该大力树立自己的品牌，提高品牌的“逼格”，这样才能提高企业的竞争力。

1.6
爆品思维：一针捅破天

一个企业想要生产出爆品，就必须在产品生产之前制定出属于自己企业的爆品战略，而这需要爆品思维的支撑。爆品思维是指新互联网时代企业发展和生产的指导性思维，爆品思维一般包含了以下四种思维模式，企业只有遵从并合理运用这四种思维，才能够生产出爆品。

1.硬件免费思维

一个产品能够成为爆品，它就必须能够在第一时间让消费者产生购买情绪并购买，而不是通过很多的教育与宣传。而硬件免费思维就是促使产品成为爆品的一个重要因素。对于一个产品而言，企业与消费者在生产和购买之前就已经有了一个清晰的评价标准，拿手机行业来说，在硬件免费思维的引导下，如果企业对这个行业的产品有一个明确的标的，就可以按照这个标的把产品打造成以本钱销售，就可以对对手进行降维攻击。硬件虽然免费，但是可以通过服务或者软件的巨大流量来获取利润。

“降维攻击”这个词来自于科幻小说《三体》，就是假设那些高维度、高智能的世界要攻击地球时，方法很简单，他们只要向地球发一个二向波，这个二向波就会把我们的三维世界慢慢折叠成二维世界，在二维世界里面整个地球都会不存在，所以降维攻击的意思就是让你根本无法应对。当高维世界向地球发来一个二向波的时候，地球能有什么办法应对呢？

除此之外，硬件免费思维后面往往还带着一个资本思维——风投思维。也就是说硬件免费的背后必须带着风投，通过风投不断地进行投资，获得巨大的流量，从而获得相应的价值。事实上，如果没有风险投资和资本驱动，今天的商业活动中很多玩法都不成立，比如说雕爷的河狸家，有一次我和一个朋友聊天时，他说河狸家最近发展得很好，从月赔一千万，到现在已经达到月赔两千万，但是这对于企业来说是一种幸福。因为通过赔款，企业可以获得更多的流量，从而获取利益。而想要做好这一点，企业的背后就一定得有资本的支撑，否则这种方法根本行不通。

企业在做爆品的时候，首先要确定在这个行业里，有没有用户对产品价值有明确衡量的价值标准的产品；其次，当企业把标准的产品打造成一个接近成本或者低于成本的产品时，该产品有没有服务和软件来增大产品的价值，从而促使企业获得利润。如果一个企业的产品能够达到这几个标准与要求，那么就应该立即去找风投，有了资本的支持，很快就可以将这个行业重新进行洗牌。

“小米”一直在讲所谓的降维攻击，硬件免费思维背后代表的就是当“小米”进入到某个领域时，它把它的硬件做到完全不挣钱，完全接近于成本来卖的时候，它的竞争对手真的是没有办法去应对。因为其他企业本身就是想通过卖产品来挣钱，现在忽然来了一个竞争对手，并且这个竞争对手还不靠产品挣钱，主要靠后面的服务和软件来挣钱，通过硬件聚集足够多的人群来挣钱。这是传统行业的竞争对手无法理解、无法接受也无法应对的，所以硬件免费思维就会带来一种非常强的从行外杀过来的竞争力。

其次，硬件免费思维又会让这个行业的价值链进行重构，硬件免费具备了成为爆品的可能性，因为硬件免费意味着可以极大地拉低消费者的消费价格。其实现在很多创业公司包括像“三个爸爸”，我们在做空气净化器之后，“小米”很快也做了空气净化器，并且它基本是接近成本来卖的。我们发现在空气净化器这个行业里，人们讨论起“小米”的时候都会不知道怎么去应对。能因为它卖那么便宜你也跟着降价吗？但你降价的话你怎么挣钱呢？你降了价之后有什么方法去传播呢？真的没有任何办法应对。所以我们看到当“小米”进军某个行业的时候，这个行业的创业者都会纷纷死掉。当然，这是不是个好现象暂且不论，但是只要“小米”进去，只要它把硬件免费思维贯彻进去，这个产品在这个行业就可能会成为爆品。只是像“三个爸爸”由于跟“小米”的定位完全不同，我们是针对儿童生产的，而“小米”是针对年轻人的，所以我们才能够因为定位的不同而生存下来。硬件免费思维是产品成为爆品的一个非常重要的思维。

2.传播思维

做爆品一定要依靠口碑，如果通过广告来树立口碑，则需要很大的资金投入，这样的话产品的价格有一个营销推广的费用，在产品的价格上就会留出空间，也就做不了爆品。想要做爆品，就必须要依靠话题传播思维，不是通过巨大的广告，而是不断地制造话题来引发用户树立口碑。想要做到这一点，就需要企业找到自己产品的话题炸药点，如果没有，可能产品也无法成为爆品。

如果一件产品别人卖 100 元，你卖 50 元，消费者有时会不知道其实 50 元就是便宜或者说他们根本就不在乎这 50 元，甚至会对这价格产生怀疑。比如你把一个儿童用的东西卖到特别便宜的价格，我觉得作为父母的消费者首先会怀疑这产品是否偷工减料，没法给孩子安全的保障。所以话题传播思维也是做爆品时必须要考虑的，包括有没有足够的话题点、有没有负面话题等各方面的可能性。

话题传播思维是指如果企业想要做爆品的话，不能像以前那样靠大规模的广告。其实在10年前或者20年前，在传统的商业逻辑里面也是有爆品的，比如说安尔乐卫生巾，它一年可能卖几千万包，也就是用户可能有几千万。如果从传统的角度来讲，以前的商业规律是存在一些所谓爆品的，但是它跟现在的爆品的概念和意义是不一样的。因为以前的爆品是靠广告催生出来的，只要广告一停这个产品的销售就会受到很大的影响。但是在移动互联网时代，我们的生活已经发生了变化，不会像以前那样只要看到中央台的广告就觉得产品好。况且现在可能对企业而言已经不知道该怎么投放广告了，因为有太多的媒体、有太多资讯的来源。所以在这个时代，企业想做成爆品，想让更多人接受产品绝对不能靠广告。当企业没有广告的时候，怎么才能吸引用户来买产品呢？那只有一个办法：制造话题和引发用户的口碑。

在移动互联网时代企业想做爆品的话，后面必须是话题传播思维，企业必须要通过产品不断地去制造话题。让用户愿意去帮企业传播真正好的爆品，产品就是广告，用了产品用户就会推广传播。所以话题传播思维是爆品思维非常重要的一个组成部分。如果企业不能把产品变成重要的话题，企业成为爆品可能就有难度。哪怕按成本来卖，如果没有足够多的传播，产品用了之后没有足够多的分享元素，那产品也很难成为爆品。

3.“粉丝”思维

企业的产品要成为爆品，哪怕企业给了用户特别高的性价比，哪怕有了话题，这些话题谁来传播？所有人买了你的产品用了都会帮你传播吗？不会。所以只有愿意跟企业互动的用户才可能去帮企业传播，只有跟企业形成了强互动的“粉丝”关系才会去帮企业传播产品内容。所以企业想做爆品除了产品必须要有高性价比，除了必须要有传播的内容之外，关键的是企业必须有自己的“粉丝”体系，这个“粉丝”体系甚至是企业要做的营销前置。

企业跟用户的互动不是说产品做出来了、卖给用户后再来和用户建立关系，而是在产品研发阶段就要开始运营强关系的“粉丝”，产品研发阶段就要让用户参与进来，让用户参与做很多事情，甚至有时企业的产品都是用户帮忙研发出来的。当一个用户的建议被企业采纳，产品生产出来后他会不会很骄傲地告诉别人这个产品我也参与了？“小米”就经常玩这个，“小米”的软件是每周做一次更新的，有些用户提的好建议他就会采纳。如果你提的建议在“小米”的UI里面显示出来，你会不会特别热心地告诉别人，会不会发朋友圈说你的建议在“小米”上怎样怎样？答案是肯定的。所以我觉得这是一种思维方式，如果企业想做爆品，就要有“用户粉丝”的思维，就要让用户深度参与企业产品的建构。不是所有的用户都会去和企业互动，但是强关系的“粉丝”参与就形成了企业产品变成爆品的一个可能性和基础依托。

4.变现思维

爆品往往是不挣钱的，对于企业而言，爆品思维往往承托的是通过硬件的销售去获取巨大的流量，在大流量里通过定制产品来赚钱。

小米手机最挣钱的恰恰不是手机本身，而是它的周边。手机本身可能基本不挣什么钱，但是手机套等跟小米手机相关的小配件却可以获得利润。“小米”的米兔一年能给企业挣百万级、千万级的利润，一个玩偶的售价可能是38元或者58元，但是玩偶的成本可能就只有10元。比如“小米”的充电宝售价是80元，它的成本可能是70多元，但是如果你想换个壳比如说想换别的颜色，你就得额外多付10元钱，尽管这样它的成本还是没有增加。

其实“小米”的周边产品都是高毛利的，但是它的主导产品，能吸引大流量的产品恰恰是利润最低的。“小米”就是通过定制产品这种方式来获取利润。所以通过定制化、个性化的产品在一个巨大的流量里面是可以挣到钱的。

企业还有一个获取利润的方式，就是可以通过平台融资等方式在资本市场获取更高的利益，所以从另一个角度来说，现在“小米”也是在做生态圈公司。

生态圈公司实际上是非常巧妙的一种资本运作的方法，“小米”用它的品牌和影响力投资孵化一个公司，这个公司生产出产品之后把它按爆品思维来打造，打造出爆品思维后，这个公司的整个市场价值便得到提升，这时“小米”再引进其他的投资方自己退出。而这个公司销售产品主要在“小米”网销售，还要给“小米”佣金。我目前就知道几个这样的公司比如“小米耳机”，“小米耳机”一开始是“小米”投资的，现在经过几轮融资后“小米”把所有的投资金额全都拿了回来，而且它还在“小米耳机”公司里占了一个举足轻重的股份。所以只要企业能够通过这样的方式聚集足够多的流量，流量里面就会有很多商业模式。这是互联网时代、移动互联网时代带来的特点。有了这几个思维才意味着企业能够成功地规划爆品战略，爆品是互联网创业品牌的必由之路。

传统的商业思维中有两个比较普遍的思维模式——货架思维和单品思维。货架思维就是企业要做一堆产品，不论是什么类型的消费者，企业都能满足他们的需求。其带来的问题就是企业需要很多的平台去展现所有的产品，企业的宣传也没法集中到一个产品，因为有一堆产品，所以企业无法把每一个产品都做到极致。此外，其还意味着企业要有更多的库存，因为每个产品都不一样，有人喜欢，有人不喜欢，有的开发得好，有的开发得不好，这个其实不属于移动互联网特点，这是传统的思维。我们在移动互联网时代其实就是要做爆品，要有单品思维。首先企业把针对大多数人选择的产品打造出来，当然这不是说一个产品要为所有人服务，而只是针对企业所聚焦的人群，这样产品才能做到极致。

其次，有硬件免费等这些思维支撑，产品的销售就会远超竞争对手，而且企业在销售之前就可以去制造话题。

我们都知道小米手机在上市之前实际上就有无数人在谈论了，小米手机玩的是预售，因为当时小米手机如果按照那个配置的话成本可能都不止它的售价，通过这种方式大家都在谈论这个手机难道是赔着钱卖给我们吗？所以在有了话题之后，做预售时“小米”就有非常强的销售额，从而形成了关注。用户拿到产品，又创造了全新的产品体验，这一切运作的方式都成为业界的谈论话题。创业者在谈论小米手机，营销界在谈论小米手机，媒体也在谈论小米手机，消费者也会谈论性价比这么高的东西，这些都会形成正循环。“小米”在爆品思维里有非常强的用户“粉丝”思维，所以会开放用户参与各个环节，最终就形成了一个社会化传播的浪潮，这个非常关键。因为真正的爆品思维形成爆品时必须要有非常强的社会化传播。

当然，并不是说只要企业按照这个方式做就一定会变成爆品，况且爆品的级别也是分级的。手机本身是一个大风口，是千万台级别的，手环、耳机都可能是百万台级别的，我们看到“小米”生态圈里面的产品也大概只有少数几个成为真正意义上的爆品。但是如果按照爆品思维去做，在企业的细分人群里形成爆品，我觉得都是能够做得到的，也是有价值的。所以我觉得爆品思维是互联网时代创业品牌的一条必由之路。以前我们在做传播的时候更多的是讲品牌，但现在如果你有一个好的产品，这个产品有非常强的用户体验，它就会把你的品牌整个带出来，这也是我这段时间创业得到的重要经验。企业的产品本身好大家就接受，产品背后的情怀对品牌的反向塑造是有非常强的作用的。所以我觉得爆品思维是现在创业者必须要走的路。

1.7 迭代思维：十年磨一剑不如小步快跑

企业想要满足消费者千变万化的需求，就必须要有快速适应的能力，不仅要能够快速适应消费者的需求变化，也要能够快速适应社会的发展。消费者的需求是千变万化甚至是瞬息万变的，这就要求企业不能一成不变、停滞不前。在移动互联网时代中，企业想要快速适应外界的变化，除了要保证产品和所提供的服务不断得到提高外，还需要建立快捷灵活的创新机制，而迭代思维就是其中一个非常重要的板块。

迭代思维的诞生是移动互联网发展的必然结果，在互联网企业中也有着重要的位置。迭代思维的核心就是要在最短的时间内将产品生产出来，“快”是迭代思维的根基。另外，迭代思维要求企业以最小的生产成本推出产品，在移动互联网时代，大部分企业生产的产品都是简单而有缺陷的，所以需要企业不断地将产品进行迭代，从而使产品不断地符合社会的发展以及消费者的需求。简单点说，迭代思维就是“快”和“重复”，但是真正的迭代思维所包含的东西远不止这些。迭代的真正内涵是“升华”，是量变到质变再到量变的过程，“快”是迭代的必然要求，“重复”只是迭代的表现形式。

与传统的长周期的产品生产模式相比，迭代创新具有两大特点：微创新和敏捷开发。微创新是指在用户习惯的基础上做少数的创新，从而让用户逐步接受；敏捷开发是指企业要不断尝试，保持小步快跑的状态。迭代创新的真正内涵是基于用户反馈信息基础上的升华、积累以及总结，达到从“好”向“更好”的螺旋式提升。所以在迭代的过程中，对反馈信息的总结也是一个重点，如果没有反馈，没有总结，迭代后的新产品和之前的产品就没有本质上的区别，并不能满足消费者的需求。

“苹果”系列的产品就是产品迭代的一个典型的代表。近年来的“苹果”产品，不论是电脑、手机，还是平板电脑，都保持着很好的敏捷创新的节奏，而这些产品也确实给“苹果”公司带来了极高的利润。“苹果”公司的目标并不是每年都开发一个全新的产品，而是要有节奏地开发出新产品，并且把产品做到极致，只有这样才能保证公司在产品领先的同时保证利润的最大化。如果在没有保证利润的前提下一味开拓新产品，就会导致下一代产品的研发费用大大缩减，从而导致产品并不能满足消费者的需求和期望。

在移动互联网时代，很多企业在研发产品时都会采取迭代创新模式。这种模式虽然有一定的优势，但也存在着周期长、速度慢以及成功率低等缺点。在用户需求日趋多元、对创新速度要求更高的移动互联网时代，迭代创新更为可行，企业应该把整个开发过程分为几个短的周期，每个周期都始于明确问题、指向产品优化，并在一个周期结束后对可能存在的问题重新评估，在下一周期中加以解决。

1.8

流量思维：羊毛出在猪身上

“流量”这个概念从互联网存在时期就已经出现了，到了移动互联网时代，流量这一概念变得更加普遍，网站需要流量，手机需要流量，各种客户端等也都需要流量，流量已经成为互联网产品衡量用户量的标准之一，同时也是互联网企业必须面对的问题。在传统企业中，流量会影响销量，而在移动互联网时代，流量更是产品效果的保障。流量已经成为互联网产品生存的第一要素，一个企业的营销模式以及产品的质量再好，如果没有流量，企业也就没有生存下去的保障。

事实上，互联网企业盈利的一个标准就是流量，流量是用户量的基础。无论是广告模式还是电商模式，互联网企业的本质都是把流量转化为收入，流量是每一个互联网企业的追求。在移动互联网时代，无论是流量的收集、分发，还是流量的定价，都有非常丰富、非常成熟的方式。然而这种方式在现在却越来越难维持下去，因为用户量是一定的，这就决定了流量的可开发程度也是有限的，无论是互联网还是移动互联网，用户都需要一个入口来进入，而这个入口就是互联网企业占据用户流量的渠道。

流量思维要求我们能够认清自己所处行业的流量来源，如何获取大流量，以及如何通过大流量掌握快速发展的钥匙。如今的互联网企业充分认识到流量资源的重要性，基本上，每一个新的流量源头被开发出来之后，都会很快地促使一个公司成为行业内的佼佼者。这个公司或者是因为实力雄厚而进行多种试验后掌握了流量入口的传统大公司，或者是因为某个创新点的实践被资本看好而崛起的新公司。在互联网的竞争中，基于流量的重要性，我们首先要知道的是自己的产品和各类平台的流量属性，以便找到流量切入点。

而“羊毛出在猪身上”这句话的大致意思是企业生产的产品让用户免费使用，但是这种免费不是绝对的一分钱不要，而是在产品免费的同时用其他模式来进行收费。互联网企业向用户提供免费使用的产品，同时向用户提供增值服务，用其他方式向用户进行收费，比如可以让用户中的一部分人进行购买，或者通过售卖广告来完成变现。最典型的一个例子就是“腾讯”公司，我们都知道“腾讯”的基本产品是免费的，用户可以免费使用QQ和微信，同时推出一系列的增值服务，比如黄钻、绿钻等服务，通过这些来让一部分用户进行购买，从而进行收费。

“小米”的玩法靠软件和服务赚钱，这是雷军原来的规划。但是“小米”现在通过软件和服务赚的钱还是比较少的，“小米”赚的钱主要还是通过硬件。它把硬件做到能够吸引巨大的流量，这时成本急剧下降，贴近成本卖的价格使得“小米”有了广阔的市场空间。此外，“小米”通过硬件带来巨大的流量可以提供定制产品的服务，消费者买黑色的“小米”手环是49元，买个绿色的表带则再加10元，表带的颜色虽然换了但是成本是没有任何变化的，它就可以多赚10块钱。包括移动电源，消费者买普通的移动电源是79元，换个壳则需要89元。

也就是说每个用户都有个性化的需求，当企业有巨大的流量的时候，产品个性化是成立的。另外，当企业在平台上进行融资时，当企业有巨大的流量后，流量本身可以产生广泛的价值，也可以产生其他产品的购买价值。

“羊毛出在猪身上”这种思维的诞生以及存在是有市场依据的，并且在移动互联网时代中备受推崇，主要的原因有以下几个方面。

1.模式的成功

现代社会中，确实有一些企业借助这种模式而成功，并且取得了相当不错的成绩，所以也就使得其他创业者以及互联网企业对此模式深信不疑。另外，当今商业中的一些大佬对此模式的推崇，例如“360”的“红衣教主”周鸿祎等，也使得这种模式在移动互联网时代中备受关注。

2.“互联网+”的盛行

“互联网+”这一概念对这种模式也起了一定的推动作用，在这一概念的影响下，一系列的互联网企业应运而生，而这些企业大部分都采用了“羊毛出在猪身上”这一模式。

3.网民的支持

据统计，中国有大约七亿多的网民，正是因为有这么多网民作为基础，才使得互联网企业获取流量成为可能。无论是“羊毛出在羊身上”还是“羊毛出在猪身上”，都需要有用户作为基础，而中国七亿多的网民就为这种模式的盛行提供了保证。

很多企业为了产品能够迅速被市场接受和认可，会采用购买流量的手段，这样可以使企业以及企业的产品暂时得到用户的关注，但是企业是否能够维持住这些用户则还需要一定的考验。不可否认，企业，尤其是互联网企业想要生存下去是需要流量的，但是对于企业来说最重要的是流量的转化和长期的维持。企业想要把握流量思维，就需要更深入地去理解流量思维，流量的本质是用户量和服务，这是需要长期运营的，需要对用户的行为习惯进行长时间的积累与记录，只有这样才能让企业聚集更多的用户。

1.9 平台思维：估值提升十倍的新战场

简单点说，互联网的平台思维就是开放、共享、共赢的思维，其核心价值观是“跨界、整合、互利、共赢”，从本质上来讲，企业、行业以及商业的模式就是一个平台。平台模式最有可能成为产业的巨头，全球的企业中，有一大部分企业的主要收入就来自平台商业模式，包括“苹果”、“谷歌”等企业。

平台化思维并不是搭个台就可以，而是要把开放、创新、协同、共生等精神层面的东西也糅合进去，从而使得这个平台有生命力。平台化思维面对的是所有的资源，会创造出前所未有的模式和效率，这需要依靠企业整体的智慧和能力。同时，平台化思维也绝不仅仅局限于企业内部，在移动互联网时代中，现代化企业如果不能与社会化资源平台相结合，就不会壮大和发展。“苹果”的乔布斯，整合了许多公司和技术，建立了自己的供应链，搭了一个产业生态平台；“阿里”的马云为了让天下没有难做的生意，整合了许多客商和卖主，搭了一个购物网络平台；“搜狐”是一个让人获取信息知识的平台；“腾讯”是一个人与人社交的网络平台。事实证明，在一个平台上，企业想要成功并不在于企业有多少资源，而在于企业能够整合多少资源，运用平台化思维可以帮助企业更好地发展。

与其他商业模式相比，平台模式有一个最基本的特点——双边市场。简单点说，所谓的双边市场就是把资源和需求结合起来，从而进行选择。比如当企业得到用户的一个痛点，按照传统的商业思维来看，企业家都会选择自己来投资，从而赚取利益。但是平台模式不同，企业家们在运用平台思维进行思考后，会判断出自己是否适合投资，或许别的企业进行投资会有更大的效益，而自己的任务则是让资源方去解决客户的痛点，借用资源方的积极性来承担风险和责任、服务用户。接着，再去拉更多的资源方，将所有的资源方进行整合后，消费者就会从这个平台上得到所有自己想要的东西，从而对这个平台产生依赖，这就是所谓的双边市场的概念。搭建一个平台，所有的资源方都汇集在这个平台上，并且这个平台可以满足消费者的大部分需求，那么这个平台就一定会被市场、消费者所接受。

在现代社会中，企业一般会采用一些方法把平台思维应用到组织里面，即把企业的职能向内或者向外开放，实现市场化。向内是指让企业内部的所有员工都参与进来，实现权力去中心化，让每个人都可以有机会进行创新，向外开放是指把所有的资源方都整合起来，都进行参与，实现平台的市场化。

1.10 大数据思维：属于你的魔法拐杖

企业要想做大数据，首先就得了解自己的企业，知道企业所处的行业的核心是什么，现在很多的企业竞争中，有的企业不是被竞争对手打败的，打败他们的往往并不是竞争对手。企业一定要找到自己的核心价值，只有在这个基础上建立的数据才是可靠的，才可以做一些延伸。在大数据尤其是互联网时代有一个最重要的点——失效预警。失效预警的意思是当企业发现一个规律后，将该规律在现实生活进行应用，那么企业应该设立一些预警指标，这些指标的作用就是告诉你在达到什么程度时，之前的规律就会失效，这时就需要企业重新去寻找、去发现新的规律，否则就会对企业的发展起到一定的阻碍作用。

对于很多中小型企业来说，大数据应用之所以无法落地的原因是企业缺少大数据思维。所谓的大数据思维并不是要企业的任何决策都参考数据，也不要求所有的问题都足够精确，而是要进行数据借力。对于这些企业而言，无论是购买大数据还是雇用专业团队，成本都是偏高的，企业只有建立大数据思维，理智对待大数据应用的热潮，这样才能将数据对企业决策的影响最优化。一般而言，现在的中小企业进行数据借力采用的都是以下几个方法。

第一，调研好数据价值。企业在做搜索关键字、投放广告等大数据业务前，要先做调研，对数据能否带来期望的商业回报进行评估。

第二，确认核心数据属性。建立海量数据与核心数据以及内部数据与外部数据间的关联标准。通过确立核心数据标准、归档外围数据、扩展常规渠道的数据、与社会化媒体建立联系等步骤，确立企业的核心数据属性，这对企业来说是至关重要的。需要注意的是，这些数据一定要和数据的发布者建立联系，否则这些数据将毫无价值。

第三，用虚拟人脉交换来获取数据。对于中小企业而言，数据的缺失是一种常态，但是可以通过扩展人脉来加强对数据的获取能力。企业可以通过线下的人脉关系寻找优质的高端群体用户，虽然这一部分的用户量不多，但是通过收集资料等行为将这些作为数据存储到企业的系统中，就是企业的大数据资源。

第四，企业在关注大数据的同时也要关注小数据，其实无论是大数据还是小数据，对于企业而言都是非常重要的。企业的大数据起步是从小数据和核心数据开始的，做好小数据有助于企业做好内部的精细化管理，做好对市场的观察以及对未来的规划等。

尽管大数据思维现在已经被大部分企业所掌握，但是企业在建立大数据思维的过程中往往会出现一些问题，这些问题是一个个挑战，企业如果能够处理好这些问题，就能更好地运用大数据思维，从而促进企业更好地发展。一般来说，这些问题分为以下几种：

第一，大数据应用和商业回报间的矛盾。在大数据思维不断进化的今天以及未来，大数据应用一定是可定制性的，企业需要快速部署和有明确投资回报的应用，这就要求企业人员不断提高对数据的分析度和依赖度，从而也就需要企业内部的各个部门进行有效的协作。在现代企业中，往往在辨析数据的有效性、数据的商业回报、企业的决策等方面都缺乏有效的工具。

第二，海量数据与核心数据间的矛盾。前文中我提到过，每一个企业要做大数据，首先要了解自己企业的核心价值或者核心数据。只有以核心数据为企业的标准，才能在面对海量数据时准确地进行对比，将核心数据和海量数据进行相应的分析，从而为企业的决策提供参考。

第三，内部数据与外围数据间的矛盾。企业所获取的数据，很大一部分是内部数据，这会让企业面对另一个挑战，即如何让内部数据与外围相关数据产生联系并使之成长。只有让内外部数据交融在用户场景中，才能为业务用户描绘更精准的业务发展空间。

这些问题的存在就促使企业在使用数据时不断地进行改变，从而更好地运用大数据思维为企业服务，企业如果能够处理好这些问题，大数据技术就会成为推动企业发展的一大助力。

1.11 跨界思维：双赢合作的化学反应

“跨界”是一个近年来才在营销界被反复提及的词汇，其原意是指不同行业之间的合作，而营销界的跨界则代表了一种新锐的生活态度与审美方式的融合。营销模式把一些原本毫不相干的元素进行融合、互相渗透，进而彰显出一种新锐的生活态度与审美方式，并赢得目标消费者的好感，使得跨界合作的品牌都能够得到利润最大化的营销。

移动互联网的不断发展，造成很多产业、行业之间的边界变得模糊不清，而互联网的触角也已经触及人们生活中的方方面面。互联网企业之所以能够跨界竞争、跨界经营，用户的作用是巨大的。这些企业不但掌握着庞大的用户数据，同时也具备了相当成熟的用户思维，“互联网+”的背景下，很多产业之间的边界变得越来越模糊，行业与行业、项目与项目之间的交叉、融合也越来越频繁，跨界成为当下的一种新常态。

可以说，跨界思维已成为当前企业商业模式打造过程中的一种流行的、不可或缺的思维模式。“百度”创始人李彦宏也曾说过“互联网产业最大的机会在于发挥自身的网络优势、技术优势、管理优势等，去提升、改造线下的传统产业，改变原有的产业发展节奏、建立起新的游戏规则。”

通过与不同行业的企业或品牌之间的跨界合作，拓展更大的传播空间，开创更大的市场空间，正在成为越来越多具有远见卓识企业的共识。这种思维模式打破了行业营销固有的藩篱，是一种真正跨行业的合作共赢。把一些原本毫不相干的元素重新组合在了一起，融合在了一起，跨界营销让不同行业的企业或品牌之间有了共同的联系，并充分发挥出了各自企业或品牌之间的协同效应，让营销发挥出了更大的效用。

跨界营销也是一种新的营销思维模式，跨界营销有别于传统的单独作战的营销思维模式，跨界营销寻求不同行业的企业或品牌之间的跨界合作，是一种真正跨行业的合作共赢。同时跨界营销也呈现了一种生活方式。当商家在推广一种产品的时候，就是要避免产品的局限性，让用户全方位了解产品的特性，一些产品需要很多的应用场景来诠释产品风格，让用户通过各种场景去感受产品风格，这就是一种生活方式的体验。对于银行和游戏的跨界营销其实就是这样。

跨越性思维就是勇于把不相关的事物联系在一起，体现的是一种思想的自由、思维的灵动，代表着一种新锐的大世界眼光的思维特质。这种思维现在也已经慢慢成为企业发展的主流方向，在现在的商业模式中，常见的跨界模式有渠道的跨界、产品的跨界、媒介的跨界以及行业的跨界等。

1.12
烧钱思维：风险投资VS疯子投资

风险投资往往带有高风险、高收益的特点，其主要投资对象是处于发展早期阶段的中小型高科技企业，这些企业本身就有许多风险因素，例如技术不完善、市场营销经验不足、管理风险大等。其次，风险投资是长期投资，投资的回收期很长，而且资金的流动性也很差。同时，风险投资还是个连续投资行为，这对资金的需求量就会很大，而且在投资初期，这些资金很难准确估计。正是因为这些因素的存在，才使得风险投资本身就具有了高风险的特点。

虽然风险投资具有高风险的缺点，但是同时也具备着高收益的优势。首先，风险投资公司的投资项目是由非常专业的投资家经过严格的程序而选择的，虽然这些企业的风险很大，但是这些企业大部分为信息技术、生物工程等高技术企业，这些企业本身就是具有巨大利益空间的企业，这些企业一旦成功，投资者带来的回报将是巨大的。其次，大部分处于发展初期的小企业是很难从银行等传统金融机构中获得资金的，所以投资家们所带来的资金对这些企业来说至关重要，作为回报，这些投资家们往往也会获得较多的股份。再次，这些投资家们丰富的管理经验弥补了创业者们经验不足的缺点，为企业的成功提供了保证。最后，风险投资会通过企业上市的方式从投资中退出，从而获得超额的收益。

事实证明，风险投资对于高科技产业的发展具有非常重要的推动作用，而现代的高科技产业也离不开风险投资。这些投资大大加快了科技成果向生产力的转化，从而推动了高科技企业的发展。例如现在的信息产业已经成为美国的支柱产业，而且在全球的信息产业中占据着重要的地位，这些企业就离不开风险投资的支持，正是因为有了这些风险投资的支持，美国才培育出了信息技术产业中许多著名的高科技公司。另外在生物技术领域，这些企业同时也离不开风险投资的支持，风险投资给这些企业带来了雄厚的资金支持，才使得这些企业能够维持下去。并且事实证明，不论是信息技术企业还是生物技术企业，在成功之后都给投资家，甚至国家的经济发展带来了非常大的利益。

风险投资的分类是不同的，不同的风投也就决定了不同的投资策略。虽然这些策略有一定的差异性，但却有一定的共同点，根据投资策略的不同，风险投资大致分为以下几类。

1.“遍地开花式”的投资

一般来说，这种投资家大多都是土豪，有着雄厚的资金，并且他们大部分都有创业经验，他们能够看到一些创业企业的发展前景以及利润空间。这类风投最适合创业的新手，他们都是有愿景、敢于铤而走险的创业者，这就给投资的成功提供了支持与保证。

2.“有背景”的投资

不可否认的是，一些想要通过创业公司套现，或是有愿景的创业者往往会选择这类风投，因为他们一般都和政府有着非常可靠的关系，投资人通常会根据政府要求而采取相应的方式进行投资，这种类型的投资尤其需要良好的人际关系作为投资的基础。

3.“共同前进”的风投

这种类型的风险投资往往都是从创业加速器中分离出来的，虽然投资的金额不会太大，但是却会更紧密地支持创业者。事实上，大部分的创业者都是通过这类风投而起步的，为了让创业公司能够达到一定规模，投资者会拥有更多自治权，他们关注更多的是刚开始创业、有创业愿景并且执行力较强的创业者。

02
PART

爆品战略：
把产品做到让用户尖叫

2.1 找痛点：做满足消费者需求的产品

什么叫痛点

简单点说，痛点就是用户在日常生活中所碰到的问题、纠结和抱怨，就是用户感到痛苦的接触点，转化到产品上来说，就是产品的原始需求被大多数人反复表述过的有待解决的问题或有待实现的愿望。人们通常会把钱花在对抗痛苦和追求享乐这两件事情上，而对抗痛苦和追求享乐在某种程度上来讲是相通的，都可以归结为用户的痛点，只有抓住了用户的痛点，产品才有可能成为爆品。

痛点往往分为两类，一类是明显感到痛的点，这类型痛点的诞生是因为用户迫切希望有一种产品或者服务来帮助他们解决问题，这类型的产品胜出的关键在于产品的解决方案是否有优势；

还有一种类型的痛点是并不那么痛的点，比如用户已经习惯了某种已有的方式，没有感觉到痛，需要企业创造出一种新的解决方案来优化用户的体验。

人类对解决痛点的渴望促进了企业对产品功能的改进，任何产品的产生都是以用户为基础的，用户在日常生活中能够准确地感受到什么事物在挑战或者干扰他们，但是人们却经常想不通解决这些问题和痛苦的方案，所以就产生了对某种产品的渴望，这些产品就能够解决他们的问题，而这种建立在用户痛苦之上的需求就为企业产品的诞生或者改进提供了参考。

在现代经济社会中，所有的公司都竭力地为顾客提供极致的体验和服务，对于一个产品而言，企业要考虑的是这个产品是否能够解决用户的所有痛点。任何一个成功的产品都能够解决用户的某个痛点或者几个痛点，如果用户对产品本身没有切身的需求，说明用户不会成为企业的稳定用户。

再加上在移动互联网时代免费思维的盛行，为痛点的寻找提供了更大的可能，因为在免费思维的背后，最重要的就是要把用户体验做到极致，要做好体验经济，最能够吸引用户的就是产品，而产品的核心功能就是要保证能够解决用户的核心痛点，如果企业能够把产品的核心做到极致，该产品就一定会被市场和用户所认可、所接受。

寻找用户的痛点是企业在做产品时首先要考虑的问题，这些痛点一定要是真实存在的，是从用户身上提炼出来的，而不是依靠企业闭门造车，无端想象出来的，很多企业在投入巨大的产品时会惨遭失败，其原因就是这些企业并没有确认用户的痛点，没有通过切实的观察去验证这些痛点，所以才会出现产品不被用户和市场接受、耗费成本以及多走弯路等后果。要想准确找到痛点，现在的企业一般会通过数据分析、场景寻找两种方式。数据分析就是运用大数据思维将用户的痛点归类为数据，企业通过对收集到的数据进行分析，从而得出用户的需求；通过场景则是指企业通过对用户使用产品时的场景进行描绘，在这个场景中得出用户可能有的痛点。

最近有本吴声写的书非常火，叫《场景革命》，他给了我们一个新的思维，以前我们思考产品只是从产品本身以及产品背后的品牌上思考，而他告诉我们场景才重要。场景等于产品加使用的情境，同样的产品在不同的地方使用效果是不一样的，不同的人使用效果也是不一样的。再加上人、产品和情境之间的情感联系：我一个人在咖啡馆里喝咖啡、我在巴黎的咖啡馆里和一个美女一起喝咖啡、我在办公室加班喝咖啡，这是完全不一样的场景，也有着完全不同的心理体验，对同样的产品都有不一样的意义。要重现用户的使用场景首先要找到让更多用户使用产品的方法，比如我们做了一个PM2.5的检测器，这个检测器就有多种使用场景，比如妈妈可以去测儿童场所的PM2.5值，情侣可以用测试这种行为来表示爱等。也就是说企业要发掘各种各样的场景，从里面找到最能打动用户的场景，企业在这些场景中，往往也会总结出用户在使用产品的过程中或者使用完产品之后所有的痛点。

企业在推出产品之前，确认用户痛点的过程是必不可少的，这个过程既是对用户痛点的一种总结，同时也是对产品的功能进行验证的步骤。为了准确地确认用户的痛点，首先企业会根据已有的痛点设计产品的概念图，依据概念图构建出产品的框架以及功能，之后根据用户的反馈和数据不断地进行迭代，不断调整。

为什么你经常找不到痛点

传统企业一样要找消费者的需求痛点，但是今天的痛点和以前有所不同，痛点新的定义是核心用户群的共同需求，是产品使用过程中未被竞争对手满足的硬需求。如果一个行业成熟的痛点全都被挖掘了，产品之间都差不多，那么在这个大的人群里面可能就会有个细分的人群，他们有一些需求是没有被竞争对手满足的，这就是小人群的痛点而不是大人群的痛点。所以痛点在这个时代最大的不同之处就是挖掘痛点的方式。

移动互联网给我们提供了更多的接受用户信息和跟用户互动的方式，企业想挖掘的痛点更多是来自用户使用产品的体验。以前用户使用了产品之后没有太多的机会去跟企业沟通，他的体验没法告诉企业。企业也无法大规模地去搜集用户的体验，有时甚至无法跟小群体用户保持长期持续的互动，所以企业的一般方式就是搞个市场调查，请几个用户来聊几个小时，但是在这么短的时间内企业能挖掘出什么东西呢？然而在这个时代，因为移动互动网这些工具的存在，企业具备了去跟用户深度沟通的可能性，才能把用户使用产品的体验挖掘出来。另外，痛点不只是产品的功能和卖点，甚至可以在产品之外。对于很多成功的企业而言，有的痛点是上天送来的，而有的则是靠企业自身挖掘出来的。

九阳豆浆机为什么那么成功？因为其有一个国民性的痛点——三聚氰胺，在三聚氰胺牛奶出现之前，其实对于消费者来讲九阳豆浆机是非常麻烦的一个产品，买一个豆浆机，还要买很多豆子，而且每天煮豆浆更加麻烦。比如我们家有两个豆浆机，都是我丈母娘买的，我们做豆浆大概做了三个月之后就嫌麻烦再也没做过了。九阳豆浆机实际上不是产品本身的需求痛点，而是一个国民性的痛点——三聚氰胺奶粉和对健康生活方式的需求。

“京东”商城的痛点则是靠企业自身挖掘出来的，“京东”商城抓产品的痛点抓得非常好，购物一日两送。所以现在我买东西基本都不在“淘宝”上买了，因为在“京东”上午下单晚上我就可以收到。很多人都看过“京东”商城的广告，去年做的暗黑广告确实做得很好——有史以来最神速的快递：一哥儿们坐在马桶上解手，不过脱衣服的时间手纸就来了。“京东”商城在一开始自建配送体系的时候其实很多人是有疑虑的，“京东”的投资者对于花大钱建立配送体系是不看好的。今天我们才发现其实“京东”商城抓住了网购最核心的痛点，也是中国人的痛点——快速送货。如果“京东”商城是在外国就不会这么受欢迎了，因为外国人能够接受买个东西十天才到，但是中国人却恨不得今天买了东西明天就要收到。我刚在“淘宝”做了个众筹，筹我们的检测器，好多众筹的用户经常在微信上问他们的东西是否已经发货，我说不好意思，众筹30天以后才能给你。大部分中国人特别在意送货的速度，“京东”商城这个痛点就抓得特别好。

南孚电池有一个非常有意思的痛点就是聚能环。当时我们买普通电池是没有聚能环的，所以电池的电量非常小，而南孚电池因为有个聚能环所以电量比较高。这是一种高科技，南孚电池的聚能环就是一个铜片，为什么要把铜片放在电池上呢？

因为南孚公司发现有很多用户买那种便宜的电池都会用在劣质玩具上，而劣质玩具后面都有一个很尖的东西，很容易把负极扎破，这样电池就不好用了，所以放个铜片去保护电池的负极。但是这个铜片怎么宣传呢？有些“无耻”的广告人就给它编了个词叫“聚能环”，通过这个环能够让电池的使用寿命增长。这就是找到了痛点，其实产品本身是为了防止电池被扎破，这是个小痛点，但是把它变成一个大痛点时，每个人买电池的时候就会都希望电池用得越久越好。

所以，其实用户的痛点是需要企业创始人自己去寻找、去挖掘的。一般来说，企业挖掘用户痛点会通过以下几个方法，但是无论这些痛点是用户本身固有而待企业挖掘的，还是上天给的，都需要企业的创始人、企业的工作人员去分析、去调查，无论如何，闭门造车式的挖掘痛点只能阻碍企业的发展。

1.分析数据

正如前文中提到的，大数据思维是移动互联网时代中互联网企业常用的思维之一，通过对数据的分析，企业就可以挖掘到用户的痛点。这里的数据并不是天上掉下来的，而是需要企业自己去收集数据，只有较为准确的数据才能为企业分析出最适合用户的产品参数。

2. 主动调研

从另一个角度来说，主动调研就是分析数据的前期工作，也就是收集数据。企业最常用的调研工具就是问卷调查，一方面，问卷调查有一定的优势，企业可以根据不同的人群进行不同的问卷，这样就能保证得到的结果具有普遍性和多样性，但是另一方面，问卷又有一定的劣势，因为问卷往往容易受制于问卷本身，如果问卷的过程中没有关于产品的建议，那么调研结果将毫无意义。

3. 直接交流

快速发展的移动互联网时代为企业与用户之间进行沟通提供了保证。在移动互联网时代，各种移动互联网工具层出不穷，比如小米手机的雷军、我和我们“三个爸爸”的工作人员等就会通过微博、微信等客户终端来与用户进行交流。这种直接交流会弥补问卷所带有的劣势，而得出用户对产品体验的直观感受，更直接地挖掘出用户的痛点。

从公司开始革命：首席痛点官

首席痛点官就是企业专门找来一个人或者几个人来对产品进行运用和体验，体验后对产品所包含的一系列问题进行整理与总结，从而促进企业改善产品。这种首席痛点官，可以是公司的一把手，也可以是从社会上招聘来的一部分人，他们的职责都是一样的，就是代替所有的用户来对痛点进行总结。这其实是体验经济发展的要求，体验经济是现代经济模式中的一个主要经济模式，所有的企业都在竭力为顾客提供一种极致的体验和服务，以便满足所有消费者的需求，但是企业不可能将产品免费给所有的消费者进行体验，所以也就促成了首席痛点官、首席体验官等的诞生。

同城旅游网今年花50万还是100万来招聘一个人，这个人什么都不用干，就去体验产品，每天就负责玩同城旅游网的各种旅游产品。据说后来招了一大学生，他唯一的工作就是吐槽，说这个产品不行、那个产品价格贵、这个导游不行、那个产品体验不好等方面。事实上通过这种吐槽就相当于企业有了首席痛点官。企业里有个人专门代表用户说话，这个人专门去体验产品的各种好坏。周鸿祎也说他是“360”的首席体验官，所有的产品他都会亲自体验。体验之后就一定会去吐槽。作为一个超级用户，通过这种吐槽总结出来的用户痛点，对于企业的发展是非常有帮助的。

与首席体验官不同的是，首席痛点官关注的往往是用户的痛点，而首席体验官则往往关注的是产品的功能。对于企业来说，首席痛点官的作用是巨大的，因为只有掌握用户最核心的痛点，企业才能对照着生产出最能够被市场和用户接受的产品。所以企业在设计客户体验的时候，要把痛点看成是一种合理的资源，这种资源不仅可以用来对比产品体验所给用户带来的愉悦，还可以节省资源，促使企业不至于在没有参考的情况下多走弯路。

痛点其实是一个相对的概念，是基于同行业竞争而产生出来的对比，比如说在产品的销售过程中，一个企业的产品除了具有相同的功能外，还具有一些其他的附加服务，而这些恰恰是另一个企业所不具备的，这对于平常倾向于另一个企业的用户来说就是一个痛点。首席痛点官的职责就是在产品体验中将该类型的痛点提炼出来，反馈给企业，从而让企业根据反馈回来的结果将产品进行迭代和改进。

总而言之，痛点是一种引领企业创新的过程。在竞争中，能够在消费者心目中占有一席之地，是所有营销人的追求，也是营销策划活动中最常用和最有效的手段之一。而首席痛点官则是企业提炼痛点的一个重要手段和途径，只有首席痛点官客观地向企业反馈出用户所带有的普遍的痛点，才能为企业带来改进产品的参考价值，从而促使产品被广大消费者接受。

痛点的分级

痛点是客观存在的，这不可否认，对于企业来说，虽然生产的产品是以用户的痛点为基础的，但是这并不意味着企业要根据用户所有的痛点来进行产品的设计与生产，这是非常难的一件事情。因为痛点的种类和级别是不一样的，这就意味着企业在参考用户痛点的时候，只需要尽可能地解决用户的核心痛点就可以了，之后再依照不同级别的痛点来进行产品的迭代和升级，以在保证产品能够解决用户核心痛点的前提下不断地解决其他痛点。

对于企业和创业者来说，最难的就是找到一级痛点，一级痛点就是用户最痛的需求点，对于很多创业公司来说，失败的原因往往就是没有找到一级痛点。比如说现在做移动电源的企业开始微创新，在包装、外形方面等都进行了突破，但是当“小米”推出移动电源之后，对于这些公司来说就是一种巨大的打击，因为“小米”的移动电源创新在高性价比上，而这种高性价比建立在用户的一级痛点之上，所以才会被市场和用户所认可。

二级痛点往往指的是产品在使用过程中没有被竞争对手满足的方面，这些痛点虽然也很容易挖掘，但是需要企业在发展过程中运用更大的精力去挖掘，与一级痛点一样，当二级痛点被挖掘出来后，也能够为企业的发展、为产品的迭代起到巨大的推动作用。

三级痛点来自用户使用产品的体验，从重度使用者那里挖掘。一般而言，传统的行业也会研究用户的需求，其范围是广大的消费群众，并没有将注意力放在重度使用的用户身上，也就没有从他们身上挖掘出来痛点。

四级痛点指的是在产品功能和卖点之外，在产品之外的用户的一些需求。痛点也可以在产品之外，不一定只是产品本身。互联网界有一个精神痛点——贪嗔痴，这个也可以跟产品连接。贪，贪便宜，声色犬马。我们都知道微信有一个应用是“摇一摇”，其功能之一就是用户用来找周围的陌生美女。据说张小龙一开始做微信推广的时候非常费劲，所以他们就想了个办法做了“摇一摇”和“搜附近的人”这两个应用，接着他在大学推广微信的时候，就说微信能够让你泡到陌生妞，但是事实上现在基本没人在微信上使用这个功能了。很多人都知道“360”有个排行，是对用户电脑与全国其他的电脑进行比较，这就是利用了“嗔”这个痛点。因为很多人在看到自己的电脑不如全国多少人的时候，他们就一定会去杀毒的，这是一种强迫症。

我听过一个特别有意思的小故事，说有一个人在大学时想追学校的校花，他给校花发了无数的短信和微信都没有收到回信，结果有一天他乱编了一句，对校花说你是我们学校最漂亮的三个女生之一，我特别喜欢你。结果一秒钟后校花给他回了信息问另外两个人是谁。这就是“嗔”的心理，也会跟用户的痛点相关。包括现在微信的“抢红包”，据说抢红包刚出来的时候很多身价几十亿的大企业家每天都会在群里面抢红包，抢了五块钱红包还特别高兴，他不是为了钱，而是为了比。贪、嗔、痴这些精神的痛点也是企业要去研究的东西。

企业产品想成为爆品一定要有爆点，这个爆点不管它是便宜还是好用，有时“有逼格”可能都是关键。“逼格”是现在网络里的一个词语，实际上就是贪和嗔的一个结合。我们发现很多产品其实根本没有真正的消费价值，用户买这个产品就是为了感觉到自己有“逼格”，所以精神痛点是企业应该关注的一个东西。

找痛点的方法

我总计了挖掘痛点的七种武器，这七种武器是结合互联网时代的特点而产生的。在以前，企业在研究产品需求时一般都是弄个问卷调查，请一些用户来公司交谈几个小时就行了。但是现在有了网络，挖掘痛点的方式与方法就快捷了许多。

第一，观察记录用户的行为。企业有消费者有用户，用户在使用完产品后，企业应该深度观察并记录用户的行为。

第二，泡论坛找到极端用户。极端用户具有典型意义，有很多极端用户提的想法、需求等不是普通用户的需求，这类用户类似于发烧友，思维等都高于普通用户。很多时候极端用户找到的需求也许就是企业产品迭代的方向，所以要重视极端用户。

第三，全员客服，全员进入式的思考。小米手机在发展前期，就连雷总都要亲自做客服，他会在互联网、微博上做客服，据说是一周一次。现在包括我作为创始人也经常在微信上做客服，有时候还要做电话客服。因为只有你跟用户进行接触，你才能知道用户在想什么，也许用户的一个投诉电话就是产品的下一个发展方向。

第四，重现用户使用场景，去抠细节。我们要把用户使用产品的各种场景、不同的人使用产品的场景都描绘出来。我在前文中讲过，吴声在《场景革命》一书中给了我们一个新的思维，以前我们思考产品只是从产品的本身以及产品背后的品牌上思考，而他告诉我们场景才重要。

第五，收集用户的坏话。爱的反面不是恨而是漠然。当用户还愿意经常向企业投诉，说明至少用户觉得企业还是有希望的，他希望改变企业。所以用户的坏话里面往往带有跟用户痛点相关的东西。

第六，抓核心用户。抓核心用户就是企业要和用户强互动，只有当用户跟企业紧紧联系在一起时，企业才算成功。对于很多互联网的尖端产品来说，有时其实用户会比研发者专业得多，跟用户进行互动时可以得到更多的资讯。

第七，首席痛点官。像上文提到的同城旅游网招聘的专门吐槽自己旅游产品的大学生、“360”的周鸿祎等都是企业的首席痛点官。作为一个超级用户，通过这种吐槽总结出来用户的痛点，对于企业的发展是非常有帮助的。

那“小米”是怎么找痛点的呢？

“小米”找痛点有很多方法：第一，让用户深度参与研发；第二，让全公司包括工程师都跟用户深入沟通；第三，深度理解用户的需求。用户参与研发，是指用户参与到产品的各个方面中来。“小米”有100个前期的铁杆用户，他们是企业在论坛里找到1000个用户后，再从中选出100个来作为天使“粉丝”，这100个人是参与到产品的设计里去的。所以“小米”在每年的“米粉节”都会有一个屏保去感谢这100个参与人。其次，“小米”会发动百万用户参与产品改进。所有的产品都是改、改、改，一直到最后，到上市的前一天还在改。

我们“三个爸爸”实际上也是让用户去深度参与研发，只有让用户深度参与研发才有可能做出爆品。我们在做产品的时候就在想，研发人员都是我们公司的人员，那怎么才能研发出全世界都没有的儿童专用净化器呢？我们首先调查了有孩子的父母在使用净化器的过程中可能出现的问题。于是我们调查了700多个父母，将他们分到八个微信群里，在微信群里面与他们深度互动聊天来调查。我们往里面发了问卷让大家填好之后进行统计。因为老聊净化器不行，所以我们还在里面放一些话题来聊，另外这个群要长久存在的话还得放一些跟孩子养育相关的话题，而且我们动不动还发个红包，因为不发红包好多人都潜水，他不出来填你的问卷，领了你的钱他就得跟你聊了。

我们大概活跃了三个星期的时间，从中总结出 65 个痛点，这些痛点以前我们坐在办公室是完全不可能想到的。比如用户说儿童专用净化器应该花花哨哨的，这样的话孩子会特别喜欢；比如我们做的净化器是高风量的净化器，家长不希望孩子靠近净化器，因为它会出很大的风，容易吹着孩子；比如说不希望孩子太关注净化器，因为像“飞利浦”有一款净化器，它上面有个圆圈，净化空气的时候会发光发亮，很多孩子很自然地就把手伸到圆圈里，因为他以为这个圆圈就是给他放手用的。当时群里有两个家庭都出现了这样的情况，孩子的手卡在里面，但是幸好没出什么事。对于这种情况父母特别害怕。所以坐在办公室想的痛点和从用户那里调查出来的痛点完全不一样。

之后，我们从 65 个痛点中挑出了 12 个核心痛点，通过产品来解决。比如用户问买了净化器开了以后到底能不能除PM2.5？我们的方法就是在产品中解决用户的这个疑虑。我们在产品上装了一个激光PM2.5 传感器，用户在用之前就可以看到PM2.5 的值，用了之后也可以看到，这样用户就可以很清楚地知道净化器到底有没有效果。当然并不是用户调查的所有痛点我们都要满足。

当时，65 个痛点中排名第二的就是用户希望不换滤芯。他说买个净化器我后面还得花钱换滤芯，不仅花费太高而且很麻烦，你们的产品只要不换滤芯我就买。这个痛点我们没有接受，因为所有不换滤芯的净化器一定是高压静电的，会产生臭氧。净化器在运作时必须要关闭门窗，这样才能净化空气，但是臭氧在关闭门窗的房子里的积累对于孩子的神经系统发育影响很大。由于我们是爸爸给孩子做产品，这种不换滤芯的净化器肯定不会给孩子使用，所以我们并没有接受这个痛点。这就是我们“三个爸爸”调查痛点的过程。

2.2
做爆品：企业成功的关键

如何选择痛点，提供用户可感知的解决方案

前文提到，痛点就是让用户感到痛苦的点，是用户在使用产品或者服务时感觉到没有被满足的点，所以痛点是一切产品的生产力。在现代社会中，人们通常把钱花在两件事情上：对抗痛苦和追求享乐。从另一个角度来看，不论是对抗痛苦还是追求享乐，其实都可以算是用户的痛点。人类对终止疼痛的渴望促进了对产品功能的需求，强调用户的痛点而不是强调用户的需要或喜好也是为了说明一点：顾客是人。他们通过经验去感受世界，他们能感受到什么事物在挑战或干扰他们，不管是某些经历还是长期要做出的应对，但人们却常常想不到解决痛苦的方案——这就是建立在痛苦之上的需要，也正因为这样，解决痛点显得尤为重要。

能够被发觉的痛点往往代表的是产品的一些真实问题，而在其背后往往隐藏着有价值的功能诉求点。不管是什么产品，都需要从用户的痛点下手，以解决痛点为产品的设计思路。在“体验经济”大行其道的年代，所有公司都竭力为顾客提供极致的体验和服务，试图让消费者在每一个环节都满意。通过提供功能或相应的数据，在帮助用户解决这个问题的同时，能让产品的用户体验大大提升，而如果产品没有解决某些刚性的痛点，想要吸引用户就不是一件简单的事情。正因为此，我们在用户研究中特别关注痛点的挖掘。

企业在收集用户之前，往往会先对用户痛点以及痛点的解决方案进行假设，在假设之后再深入调查，往往会有事半功倍的效果。在进行假设时，企业可以通过但是不能依赖市场调查，因为市场调查带有强烈的主观性，并不能得到用户对于新兴的市场品类有着怎样的潜在需求和急性需求。首先，企业的工作人员可以通过头脑风暴进行假设，将自己代入用户的角色，从而定义用户痛点和解决方案，其次，企业可以对用户进行深度访谈和参与式观察，只有真正面对面地接触客户，把自己变成用户之一，才能保证结果的完整性和客观性。

做出可跑分的硬指标

企业调查痛点的目的就是为了让用户为产品尖叫，那怎么才能把用户的痛点变成产品的尖叫点呢？有两个方法：第一，把产品做到极致，做到用户的心智模式里面去。产品好不等于用户认为它好，如果产品特别好但是用户不知道它好或者无法分辨它的好坏，这对用户来说是没有价值的。另外就是体验一定要做到“极致”，让用户愿意去分享才能够带来尖叫。

雷军讲“小米”的口号是“专注、极致、口碑、快”，要把产品做到极致。但是“极致”怎么定义？是最好的吗？是性价比最高的吗？不是。小米手机肯定不是最好的手机，肯定比“苹果”差。那么“极致”是什么？是做简单好用的产品，做能跑分的硬指标。“极致”是把用户重视的指标做到最好，其他指标可以忽略。因为如果企业想做一个性价比高的东西，成本需要控制住，你可以做一个最好的东西，但是可能它的成本已经高到用户无法承受了。所以雷军的做法就是把用户重视的某一个指标做到最好，可以适当地忽略其他指标。在用户重视的指标上教育用户，给用户一个衡量和跑分的方法。在这个跑分比赛里你的产品排第一，这个玩法是非常聪明的。

我们知道小米手机最大的卖点就是“快”，所以在“小米”3

之前，每次小米手机出来都会跑分，安兔兔等各种跑分软件中“小米”都是分数最高的。但小米手机体验起来真的特别快吗？也不一定。我问过很多人，他们觉得“小米”也没有比“华为”快或者怎样。后来我问“小米”内部的人，我说你们手机用起来也就那么回事，为什么跑分都是最快的呢？他说我们手机做出来先去跑分，如果它跑分不高我们就改硬件、改软件，改来改去一直改到跑分最快为止。所以“小米”做手机的一个标准就是跑分快，并不是使用起来快。它有一个硬指标，这个指标是公平公正的，在这个指标上超过所有竞争对手。

所以企业要做有尖叫点的产品必须要把这招用到位，必须要给产品找到一个无法超越的硬指标，这个硬指标能够让用户看了以后觉得它就是比别人好，这样你才可能做成爆品。爆品是什么？爆品是比别的产品好的产品，而绝对不是最便宜的产品。“淘宝”上你五块钱能买到的东西它会成为爆品吗？消费者一用发现产品并不好，虽然它很便宜，也绝不会成为爆品。所以跑分硬指标是企业必须要去找到的也是让用户尖叫的一个基础。

我们“三个爸爸”其实也是有跑分硬指标的。首先我们在净化效果上找了一个指标叫“出风口 PM2.5 为零”。就是所有的脏空气经过净化器一次性就可以过滤掉，出来的都是最纯净的空气。这个点就是证明净化器的净化效率，但我们的这个点出来之后也遭到了很多同业人士吐槽，说你们做成PM2.5为零有什么了不起？我说当然了不起，因为只有国外的“IQAIR”，只有几个品牌能做到这点，而国产品牌没有能做到的。我们用的是最高级的H13滤材，“小米”用的都是H11，比我们差很多级。但是同行又说你出风口PM2.5为零，消费者又不会把鼻子放在出风口去闻，这也就没有什么用了。其实这种说法也不是没有道理，但是为什么我们还是要做这个“出风口PM2.5为零”呢？就是因为它是一个可测量的指标，用户用任何手持的传感器放到净化器的出风口检测，出来的空气PM2.5的值都是零。它的净化效果最好，这就是一个跑分的硬指标。

另外，我们还在跑一个分就是甲醛，除甲醛值。我们第一次生产出来的样品的除甲醛CADR值是119。那时候央视对市面上各种净化机进行抽检，发现它们除甲醛最高的值只有29，所以央视将其曝光并发了一篇叫《空气净化器除甲醛基本无效》的新闻。而我们的CADR值是119，是它们的四倍，所以当时国家监测中心都说这个产品好，后来我们的产品不断迭代，再后来又做了一个专门除甲醛的滤芯。这个滤芯换上之后CADR值是400多，在全世界的净化器中除甲醛指标最高。为什么我们要做这个指标呢？就是为了去跑分，为了让消费者看到除PM2.5的净化器中，“三个爸爸”第一，因为测试结果为零；除甲醛的净化器中“三个爸爸”第一，因为CADR值是400多。我们后来搞了一个现场PK，“小米”、“飞利浦”、“IQAIR”、“三个爸爸”等净化器进行PK，我们在30立方米的实验舱内输入0.8的甲醛，将近12分钟后我们的净化器就归零了，一直到比赛最后都是归零，“小米”过了30分钟后还是零点三几，超标四倍多。所以我们不断地在强调跑分标准，就是除PM2.5和除甲醛这两个硬指标一定要远超其他竞争对手。只有这样，我们才可能成为爆品。

做好减法，找一个最极致的卖点

现在的市场竞争是非常激烈的，企业在竞争中只有不断地进行技术上的创新才能处于领先位置，所以如何创造出与竞争对手不同的特点已经是所有企业都在思考的重要问题。企业在发展时，应该将产品努力做到极致，使自己的产品和竞争对手之间产生差异，凭借别人没有的特色在竞争中获胜。想要将产品做到极致，就要为产品提炼出一个极致的元素，一般来说，提炼的基本元素出发点有：情感诉求、功能诉求、原料诉求、历史诉求、工艺诉求、产地诉求、技术诉求、品牌基因诉求、色彩诉求、味道诉求、感觉诉求、欲望诉求等。

对于企业而言，想要让产品产生差异化，说起来简单，做起来却有点艰难。因为这需要企业花精力为产品提炼一个特别的点去和其他产品进行区分，而这个点往往就是产品的卖点。总的来说，企业可以通过以下途径来实现产品的差异化，并且通过这些方法提炼出产品独特的卖点，保证企业在行业竞争中处于优势。

1.设计方面的差异化

设计是产品的硬性指标，也是产品的一个重要卖点。企业如果可以在设计方面做到与众不同，就能将产品做到极致。拿“苹果”公司来说，“苹果”公司的产品就一向以设计见长，正是这些前卫的产品设计与产品功能，才使得“苹果”在全球范围内都有广阔的市场，使得“苹果”品牌成为时尚和品位的先锋，一个个让人耳目一新的产品不断地给用户带来不同的体验。

2.制作工艺的差异化

制作工艺的差异化可以体现在产品的制作方法上，也可以体现在产品的制作属性上。比如现在的消费者大多都特别注意产品的安全性，所以当企业在生产产品时如果能够在制作工艺上提高产品的安全性，也能够给产品带来独特的卖点。

3.原料方面的差异化

原料是产品的源头，不同的原料也就决定了产品的不同，依云矿泉水是世界上最昂贵的矿泉水，传说每滴都来自阿尔卑斯山头的千年积雪，然后经过 15 年缓慢渗透，由天然过滤和冰川砂层的矿化最终形成。正是因为原材料的不同，才使得依云矿泉水有了与众不同的特点，而正是这种特点保证了依云矿泉水的市场地位。

4.功能方面的差异化

从另一个角度来看，功能方面的差异其实也就是产品满足用户的一个痛点。往往这种差异就是上文提到过的二级痛点，就是其他企业所没有满足用户的某种需求。只要产品在某一方面能够占据用户的心智，能够满足用户的需求，就有机会在市场竞争中胜出。

5.服务方面的差异化

服务其实也是产品功能的一种延伸，所以服务方面的差异化也能给产品带来不一样的卖点。比如说很多人都知道的“雕爷牛腩”，“雕爷牛腩”之所以能够火爆，一个重要的原因就是它会给顾客带来不一样的服务，不一样的用餐体验。这种服务以及用餐体验是别的餐厅所没有的，正是这种服务方面的差异，使得“雕爷牛腩”有了自己独特的品牌标志。

服务过程也是产品

产品中不仅要有故事，还要有分享元素。产品的消费过程也是一种产品，尤其对于服务产品来讲这个是比较好做的，就是你在服务过程之中甚至建立一些仪式性的东西，这些东西就会变成产品的一个部分。

深圳有个餐馆叫“胜记”，他们发明了一道叫作京葱焗鱼头的菜，这道菜让他们的销售提升了30%。

这道菜其实在味道上跟别的鱼头没有任何区别，唯一的区别就是上面包了一层红纸，服务员端上来的时候会带把剪刀，让主人请最尊贵的客人剪彩，大家都站起来鼓掌。生活中剪彩大都是领导干的事，一般人剪彩的机会是不多的，但是在吃饭时，主人让客人剪彩，大家都来鼓掌，就会给人一种特别吉利的感觉，无论是主人还是客人都特别有面子。这张红纸的成本大概就几毛钱，一张几毛钱的红纸提升了这个餐馆30%的销售，就是因为消费者觉得吃的已经不是京葱

焗鱼头了，而是一种仪式，这种仪式让用餐体验跟之前大不相同。

服务最先产生的东西是用户在空间中对自己生活品质的重构，服务是一个空间，在服务的空间里面不仅是培养品牌，而且还要培养情感。产品之所以被人接受，是因为品牌是表象，而服务是品质。所以未来的产品要想增加附加值，不是依靠品牌，而是依靠服务，因为品牌是超重型的，服务是惠他型的；品牌是形式，而服务是内涵。当企业把这个做好的时候，产品的附加值才会上去。

按照传统思维，服务是产品的延伸，是依靠产品而存在的，但是在现在的商业思维里，产品与服务两者之间的角色发生了很大的变化，产品变成了服务的配角，产品会因为服务而变得更为丰富，更有品质。在电子商务网站中，其实消费者对品牌的关注度是下降的，电子商务本身的网站超过了产品本身，这个时候我们将会看到，二次消费体验将让位于一次消费体验，二次品牌选择体验将让位于一次服务体验。

拿小米手机来说，“小米”有12%的故障返修率，一般企业如果碰到这种情况早都已经亏本衰落了，但是“小米”却依旧还在壮大发展，重要的原因之一就是“小米”在社交媒体里有方法控制舆论。对于企业而言，在社群里一定要通过强关系同化弱关系，直到最后大家都变成强关系，变成舆论朝向企业的强关系。企业的产品一定要好，态度和服务一定要到位，要不然强关系就会离企业而去。

爆品最高境界：产品即病毒

产品的病毒化，是指企业做好了一个产品让消费者买了用了还不够，还需要企业把产品变成像病毒一样，让消费者用了之后还会去不断地传播。

1.有一个病毒化的名字

对于企业而言，现在在做产品的时候不能只是卖产品了，而是应该把产品变成病毒，让用了产品的人主动去帮企业传播。所以首先企业必须要有一个病毒化的名字。大家知道我是“三个爸爸”空气净化器的创始人，我们的品牌名就叫“三个爸爸”。所以很多人听到“三个爸爸”第一个反应就是好奇，会问为什么叫“三个爸爸”而不是“四个爸爸”“五个爸爸”？“三个爸爸”是卖什么的？到底是哪“三个爸爸”呢？我们起一个这样的名字其实就是为了去争取大家的关注度。

当然实际上我们起这个名字也是很偶然的。一开始我们因为要做一个儿童净化器，就想起跟爸爸相关的名字，因为“爸爸去哪儿”“爸爸回来了”这种说法现在都比较流行。我们起了很多关于爸爸的名字，像“松鼠爸爸”“空气爸爸”，但是都觉得不是很好。后来我的合伙人亚南说干脆就叫“四个爸爸”吧，因为我们是四个创始人，三个外行的创始人找了一个做净化器的内行创始人，四个创始人就叫“四个爸爸”吧。我们一想当时有个品牌叫“三只松鼠”很有名，“四个爸爸”也很好，于是我们就注册了“四个爸爸”的商标，注册了网址。但没想到我们第四个创始人李洪毅是个四川人，当他跟他的老乡说我们建立了一个品牌叫“四个爸爸”的时候，老乡拍着他说：“千万不能叫这个名字，因为‘四个爸爸’用四川话说就是‘死个爸爸’的意思。”所以“四个爸爸”这名字不能叫了，于是我们就干脆把品牌叫“三个爸爸”，本来也是三个创始人有这个想法才做了这个净化器。

起了这个名字之后我们发现这个名字也挺有意思的。首先三人为众，“三个爸爸”就代表天下所有的爸爸。另外我们发现有的人挺喜欢这个名字，一听就感觉到是爸爸爱孩子的感觉。但是有时也挺烦的，因为这个名字会引人误解、引人攻击，比如我们在新浪微博上就看到过有人在下面评论这个产品没有哪个妈妈会买，因为一个妈妈给孩子带了“三个爸爸”回家，这不是有病吗？但是我觉得互联网时代其实并不怕有人不喜欢你或者攻击你，而是怕没有人关注你，只要有人关注就能成功，这是一个关注度比美誉度更重要的时代。

“三个爸爸”这个名字并不是我觉得最好的名字，我觉得起得最好的品牌名是去年成立的一个名为“叫个鸭子”的企业。“叫个鸭子”是北京的一个鸭货外卖的企业。为什么说这个品牌好呢？首先你打电话叫一只鸭子来吃就是“叫个鸭子”，这个名字把这个业务形态说得非常清楚，它不像“三个爸爸”，一听还不知道“三个爸爸”是干什么的。而且“叫个鸭子”这个名字也特别有话题，特别有暧昧的感觉。我后来问过“叫个鸭子”他们的工作人员，他们说点这个产品的主要还是以都市白领女性为主。

起一个病毒化的好名字，能够让企业的品牌迅速地被人谈论，只要被人谈论就会形成话题。上文中我提到的企业的媒体化一定要有话题，所以名字是产品的一个重要部分。

2.产品的消费过程变成病毒

产品中不仅要有故事，还要有分享元素。产品的消费过程也是一种产品，尤其对于服务产品来讲这个是比较好做的，就是你在服务过程之中甚至建立一些仪式性的东西，这些东西就会变成产品的一个部分。我觉得“雕爷牛腩”在这方面就是一个典型。

“雕爷牛腩”的用餐体验里有非常多的分享元素。“雕爷牛腩”跟别的餐馆不一样，里面的服务员穿着黑衣服戴着面纱，就跟武侠片里面的大侠和女侠一样，我到现在走遍中国还没有看到第二个餐馆的服务员是这种服饰。我问过雕爷为什么服务员穿这个，他说戴面纱是为了口水不出来，其实戴个口罩口水也出不来，所以这么做实际上是形成一个特别独特的符号标识。

此外，“雕爷牛腩”的菜摆盘都特别漂亮，每次点了菜上来之后都会促使消费者拍照发朋友圈。我们知道有很多人只要吃饭就会拍照，所以当他们到了“雕爷牛腩”时看到菜的话就会有更多人去拍然后发到朋友圈。

除了这些之外，“雕爷牛腩”还有很多餐饮元素，比如它的筷子是一种独特的鸡翅木的筷子，每次顾客吃完饭雕爷都会送他们一双，我家就有很多双。它的汤碗是定制的，下面厚上面薄，顾客端着碗喝汤的时候不会烫着手，特别人性化。并且它的菜名都特别奇怪，我第一次去那里时就点了一个我一辈子都不会忘记的菜，叫“节操碎了一地”。当我看到这个菜名时，就觉得这个菜名非常有意思非常吸引人，所以就马上点了一份。当服务员把菜端上来的时候，我的节操真的碎了一地，这个菜其实就是芥末、麦菜还有一些破碎的叶子，反正我认为特别难吃。

后来我告诉雕爷，这种菜还要卖钱，果然是节操碎了一地，但是事实上，这么有意思的菜名和菜也确实能让消费者觉得好玩并且主动去分享。

另外，在“雕爷牛腩”喝茶也不一样，男士是四杯茶，女士是三杯茶，茶的浓淡各有说法各有不同，服务员会跟顾客仔细介绍每一杯茶的特色，会让消费者感觉这跟平常的吃饭用餐完全不一样。因此我之所以会经常去“雕爷牛腩”，并不是因为我跟雕爷是朋友，而是因为当我有外地朋友来时，鱼翅、燕窝、鲍鱼之类的已经没有什么新意了，所以我想请他们吃一些新奇的东西。我就把他们带到“雕爷牛腩”，人均消费也就一百六七十块钱，并且他们享受到的东西确实也是之前从未见过的。每次和朋友去那里时，他们一定会拍照片发朋友圈，也一定会跟我讲菜不怎么好吃而且还挺贵。但是当他们下次和各自的朋友来北京时，还是会来到“雕爷牛腩”，就是因为这里可以给人不同的消费体验。

雕爷是一个我特别佩服的营销高手，“雕爷牛腩”里的12道菜每个月都要更新，并且更新的菜不是卖得最好的菜，不是味道最好的菜，而是被顾客拍过很多次照的菜。在“雕爷牛腩”的产品中，还有一套特权体系。我去了很多次，每次服务员都推荐我办一个VIP卡，但是我一直没办，因为我觉得拿一个“雕爷牛腩”VIP卡并不是一件特别有面子的事情，但是有很多人都办了VIP卡。

如果你办了一个VIP卡的话用餐体验是更加不同的，如果你带一个美女去，服务员看到你的VIP卡就会主动迎上前欢迎你。点餐时用的也是专门的VIP菜单，这意味着就算你有钱你也点不了，只有VIP才能点，总之就是服务非常VIP。此外，对于VIP而言，在这里人均消费160块钱，两个人的话也就300多块钱，在外面随便找个餐馆吃顿饭都要花差不多的钱，可是在这里的话你却可以享受到完全不同的尊贵。所以有VIP卡的消费者肯定会认为“雕爷牛腩”是最好的用餐选择地之一。这种方式其实目的是让消费者去分享，让消费者坚持去做正面的广告。

由此不难看出，雕爷做这个餐馆就是为了让消费者去分享，就是为了让它变成病毒，就是希望每个用完餐的人都会去主动分享。当每个用餐的人都拍照的时候相当于每个用户都在帮他做广告，产品就是广告，这是一件非常厉害、并且非常重要的事情。

3.加强互动

加强互动就是企业在产品之外去赋予用户利益和荣誉。这个其实是我想做的一种尝试，因为我们做的是儿童专业净化器，这些净化器的指标、效果等都非常好，而且这些净化器都是智能的，是有APP的，具有很多功能，比如用户在回家之前就可以通过手机把净化器打开，回到家后空气就是清新的了。但是我发现事实上真正下载和打开APP的用户不多，为了让用户下载APP，我们开发了“高达卫士”这款产品，装了激光的PM2.5传感器，有这个传感器的用户就可以知道自己家的PM2.5值是多少。我们是全世界第一个装这种PM2.5激光传感器的公司，但是为了让用户使用APP，我们没有给这款产品安装屏幕，用户必须打开APP才能看得到。我想这样安装APP的用户应该就会增多，但是后来我发现只有50%的用户会安装APP，50%里面只有20%的人经常打开，这就让智能硬件变得没有一点价值。

为了与用户加强互动，我打算采取以下几个措施：第一，在APP升级系统里设置积分体系，比如黄金级、白金级、钻石级。用户只要打开和使用APP，就可以促使级别上升，这样用户就会有不同的荣誉感和利益。因为用户打开APP使用净化器就相当于保护了孩子的呼吸健康，我可以告诉用户净化器每天为孩子减少了多少PM2.5的污染，帮孩子防止了多少像肺病、哮喘这种非常影响孩子健康的病症，给用户以荣誉感。

第二，在APP里尝试做一个“滤芯五年免费用”的口号，就是用户下载APP并坚持使用，推广分享，那么以后五年的滤芯都不需要花钱了。也就是说当用户购买一台净化器，比如我们的“高达卫士”，假如五年的滤芯用下来大概是5000多块钱，那就是如果你买了这台净化器并使用了五年，只要你不断使用APP，这5000多块钱我们全都返还，我希望通过这样的方式能让用户跟我们企业进行强互动。

在这个时代，企业是极其希望用户参与到企业的经营活动中来的，所以这种方式对销售也是一种刺激，因为你买别家的净化器后还要不断花滤芯的钱，比如你买“小米”净化器时可能价格比较便宜，但是后面滤芯花的钱却在不断增加。但是如果你买的是我们“三个爸爸”的产品，虽然价格比“小米”贵，但是五年下来我们把产品销售的钱都返给你，换成滤芯了。所以我希望通过这样的方式在产品之外让用户跟我们发生强互动，从而把产品变成病毒，这是产品病毒化的要素。

欲做爆品，挥剑自宫：价值链动刀

价值链在经济活动中是无处不在的，上下游关联的企业与企业之间存在行业价值链，企业内部各业务单元的联系构成了企业的价值链，企业内部各业务单元之间也存在着价值链联结。价值链上的每一项价值活动都会对企业最终能够实现多大的价值造成影响。理论上的“价值链”概念是哈佛大学商学院迈克尔·波特教授于1985年提出的。他认为“每一个企业都是在设计、生产、销售、发送和辅助其产品的过程中进行种种活动的集合体，所有这些活动可以用一个价值链来表明”。企业的价值创造是通过一系列活动构成的，这些互不相同但又相互关联的生产经营活动，构成了一个创造价值的动态过程即价值链。

在价值链上动刀就是要在价值链上做创新，就是要把过去一些很低效率的高成本砍下来。有的专家认为，价值链动刀是检验传统行业真假转型的重要标准,组织架构调整是价值链动刀的前提，必须专门成立新公司或独立事业部，摆脱原有体制内利益、资源、人力分配等各种束缚，重新组建业务新团队，扁平化取代由上至下的管理方式，并制定完善的股权激励制度。对用户而言，价值链动刀呈现的结果是产品性价比高且体验好；对企业而言，则是成本结构和商业模式的改变，尽可能降低运营成本和提升运营效率。“微创新”提出者金错刀曾表示:“小米产品的本质是有逼格的性价比爆品，小米模式的本质是价值链动刀，主要在三大环节动刀：砍掉线下渠道、电视楼宇广告、先亏欠再赚钱。”

“硬件免费”的本质,就是我常说的价值链动刀。一个产品能够成为爆品，它就必须要能够在第一时间让消费者产生购买欲望并购买，而不是通过很多的教育，硬件免费思维就是促使产品成为爆品的一个重要因素。对于一个产品而言，企业与消费者在生产和购买之前就已经有了一个清晰的评价标准，拿手机行业来说，在硬件免费思维的引导下，如果企业对这个行业的产品有一个明确的标的，就可以按照这个标的把产品打造成本钱，就可以对对手进行降维攻击。硬件免费则通过服务或者软件的巨大流量来获取利润。

如何做口碑：让用户尖叫

企业调查痛点的目的就是为了让用户为产品尖叫，那怎么才能把用户的痛点变成产品的尖叫点呢？有两个方法：第一，把产品做到极致，做到用户的心智模式里面去。产品好不等于用户认为它好，如果产品特别好但是用户不知道它好或者无法分辨它的好坏，这对用户是没有价值的。另外就是体验一定要做到极致，让用户愿意去分享才能够带来尖叫。

所以，企业要做有尖叫点的产品必须要把这招用到位，必须要给产品找到一个别人无法超越的硬指标，这个硬指标让用户看了以后觉得它就是比别人好，这样产品才可能做成爆品。爆品是什么？爆品是比别的产品好的产品，而绝对不是最便宜的产品。

有了痛点之后怎么把痛点变成产品的尖叫点呢？我认为应该把产品做到极致，把体验做到极致，在产品中植入病毒让“粉丝”去分享。把产品做到极致就是说生产出来的产品必须要没有瑕疵，完美到极致，这样才能满足用户的需求。将体验做到极致其实是一个控制预期的过程，因为用户实际上对产品是有期望的，当你控制住期望，不断和用户的期望作斗争，那么当产品超越用户的预期时就会带来尖叫。它不是一个静态而是动态的过程，比如你在五星级酒店睡了五星级的床，你会觉得这很正常所以你不会尖叫，但是如果你在三星级的酒店睡了五星级的床，享受到五星级的服务时你就一定会尖叫，所以让用户体验尖叫实际上就是一个控制预期的过程。很多人知道“海底捞”，“海底捞”就是一个以超越预期为卖点的企业，我们听到过很多关于它的有趣的故事，比如说在“海底捞”吃饭，当顾客吃完饭了认为西瓜好吃准备打包时，服务员说这个您不用打包，然后直接拎来一西瓜让顾客带走。我不知道这是不是真事，但最起码这个故事能够说明“海底捞”的服务是超越预期的。

我们“三个爸爸”也有以下三个让用户尖叫和惊喜之处。

第一，“三个爸爸”空气净化器是刚需，尤其是到了雾霾严重的季节，整个北京都陷入“十面霾伏”，PM2.5 是大家不得不去关注的点。因此，空气净化器符合大趋势，在中国拥有广阔的市场需求。

第二，“三个爸爸”的产品，质量要过硬。现在市面上的空气净化器 95% 都是无效的，“三个爸爸”空气净化器在净化甲醛方面效果是普通净化器的九倍，这是国家最权威的检测机构检测出来的结果。

第三，产品本身要具有传播能力。首先，产品具有温度感。

我们做的不是冷冰冰的硬件，而是将爸爸对孩子浓浓的关爱注入到了产品里。当提及这个产品时，大家想到的不是空气净化器这个冷冰冰的名词，而是爸爸为孩子打造的一室洁净呼吸的情感。其次，“三个爸爸”这个名字让产品具有“话题性”。我一直坚持认为，在细微的方面能做到极致就是一种成功。在互联网时代，产品的竞争力要靠核心功能，那怎样才能把产品做到极致呢？这就要求我们不能有容忍的心态，不能容忍产品有bug，不能在产品核心流程核心功能的设计开发上妥协，要去跟提高0.1秒钟加载速度较真，去跟降低出风口PM2.5为零较真。只有追求极致，才能做成让用户尖叫的爆品！

静态尖叫KPI与动态尖叫KPI

尖叫点的概念中有一种叫“尖叫点KPI”的动态管理过程，其意思是一个产品开发出让用户尖叫的特点就完了吗？不，没完，因为只要你开发出了别人就会学。当我们做到出风口PM2.5为零的时候，有很多企业也跟着学，也通过改滤芯等方式去做到PM2.5为零。可能他有一半是假的，因为他根本做不到。但是如果别人也能做到的时候，这个尖叫点就要去变。

产品有两个尖叫点的概念，一个叫静态尖叫KPI。静态尖叫KPI就是企业自己对用户的一些行为，比如在“三只松鼠”出现之前，网上也有很多卖坚果的商家，但是从没有人送垃圾袋、湿纸巾、开壳器等东西，但是“三只松鼠”做到了这几点。所以当时有很多文章说“三只松鼠”了解用户，对“三只松鼠”进行分析等，这就是它对消费者的静态KPI。但是现在卖坚果送这些东西已经变成标配，哪个坚果品牌都有这个，用户还会为“三只松鼠”激动吗？不会了。所以就要开发动态的尖叫KPI，企业永远要开发，超越竞争对手的尖叫点才能让用户为产品尖叫。所以我觉得它是一个关键的东西，如何让用户尖叫，如何持续让用户尖叫，如何在产品和服务中去管理尖叫点，可能是每个创业企业都要思考的问题。

不断迭代，不断微创新

快速迭代和不断创新都是一种产品研发的理念。快速迭代的理念是“上线—反馈—修改—上线”这样反复更新内容的过程，形式非常适合互联网产品或者移动端，通过收集数据或用户反馈迅速知道改进的结果，用快速迭代的方式可以立即在用户之间找到平衡点；微创新则指的是在产品的各个环节进行有特点的创新，比如产品本身、系统、营销渠道等各个方面，微创新与创新相比更稳妥，它具有两点规律：从小处着眼，贴近用户需求心理；快速出击，不断试错与完善，由此实现从有到优的最佳状态。不论是迭代还是微创新，都是企业在竞争中保证产品具有竞争优势的重要手段。

快速迭代的实施有一定的前提，包括环境、用户及成本等。在环境方面，由于现在的商业环境变化莫测，所以产品在迭代时一定要有充分的时间进行需求分析以及相关测试。对于用户而言，用户其实并不知道自己真正想要的是什么，所以产品需要通过迭代的方式进行试验。而在成本方面，一般情况下可迭代产品的成本都很低，并且可以快速地进行版本的更新。

而现在不管是互联网企业还是传统企业，都不断提出创新的口号，但是事实上创新分很多种，有颠覆式创新、微创新等各种形式。颠覆式创新往往会对整个行业带来冲击，重新树立行业的标准，但是没有一味不变的颠覆式创新，特别是当行业发展到一定程度时，企业更多采取的是微创新的形式。以“小米”为例，看现在的企业如何进行微创新。

1. 系统微创新

“小米”的MIUI系统其实就是基于“谷歌”安卓进行的深度开发，更利于使用习惯或提高便利性，不再烦琐，开发版每周都有系统更新，为追求新鲜感的人群提供了平台，“小米”在手机系统上不断地在进行优化，进行微创新。

2.产品微创新

众所周知，“小米”的产品一直以高性价比、高价值感、高魅力型著称，在整体的产品结构中，企业也是不断地在产品原有的基础上进行配置升级，如处理器升级、显示屏升级、摄像头升级等等，“小米”一直在推新产品，淘换老产品，不断地在做微创新。“小米”上市时确实给行业带来了颠覆式的影响，但是这种影响并不是持续的，现在的“小米”更多的是基于原有的产品在做微创新，整合团队在做系统化、平台化的创新。

3.销售渠道微创新

“小米”并不是第一家在网上销售产品的企业，但是“小米”却是取得最大成果的一个企业。这是因为“小米”很好地利用了网络，将“粉丝经济”很好地利用了起来，不只是简单地完成销售的过程，更多的是在深度上进行了拓展，以建立社区、导入口碑、饥饿营销的方式进行了销售渠道层面的创新。

4.消费者沟通方式微创新

在传统的手机行业中，企业在与消费者进行沟通时更多的是销售现场的体验，但是对于手机的缺点或系统的缺陷更多的则是在论坛、贴吧发布个人观点，但是“小米”的出现改变了这些，基于原有的沟通方式的同时进行了微创新，有效结合了消费者的需求。

其实不论是产品迭代还是不断微创新，都是企业在基于用户需求之上进行的，没有哪个企业的产品是贸然迭代，这既不会让企业的产品被消费者认可，有时反而还会导致企业走很多弯路。所以企业在对产品进行提升与改善时，一定要以用户需求为参照，这样才能促使企业在同行业竞争中占据优势。

03 PART

传播战略：

把企业做成内容提供商

3.1
品牌其实是个人

通俗来讲，“品牌是个人”就是把品牌当成一个人来运营，专业点说就是品牌人格化，就是要在所有相关的品牌宣传推广运用手段中，将品牌打造成为具有独特魅力和情感影响力的人性化品牌符号，让每一位目标消费者身临其境般地“对号入座”，在潜移默化中形成品牌黏性，产生油然而生的情感磁场效应，触动心灵共识，促进价值认可。现代营销大师菲利普·科特勒直言不讳地指出：“一个成功的人格化的品牌形象就是其最好的公关，能够促使顾客与消费者的关系更加密切，使消费者对品牌以及其内在文化的感情逐渐加深。最终，品牌在消费者心中的形象，已经不仅仅是一个产品，而渐渐演变成了一个形象丰满的人，甚至拥有自己的形象、个性、气质、文化内涵。”品牌人格化能够引爆潜藏在用户心智中那些难以名状的情感元素和价值主张，这样用户会自动成为品牌的一员，与品牌融为一体，与品牌荣辱与共。

如果说“性格决定命运”，那么品牌的个性和气质决定了品牌的命运。因为人们常常把消费作为树立个人形象、反映精神世界和发布个性宣言的方式,通过品牌，人们表达对自由的渴望、情感的宣泄、品质的追求、精神的向往。如果品牌是一个人的话，你希望它在人们心目中是什么样子？品牌个性如果跟用户的个性越相近用户就越乐意使用这种品牌，品牌忠诚度就越高。这时，品牌人格化会自动生成一种“魔法”，敏感地抓住用户心里难以说得清、道得明的情怀，而这种情怀其实就是抓住了时代和族群的心理所需，他们最渴望而又最欠缺的就能最吸引他们。

品牌的最终差别不是科技、功能，而是感性、个性。在移动互联网时代，企业需要把品牌当人看，去塑造一种不一样的人格，不一样的生活方式、生活态度、价值标签，然后通过故事、经历去演绎，并始终如一地恪守品牌的核心价值主张，忠贞不贰地成为用户的形象代言人，向外界传达用户的身份、地位、个性、品位与价值主张。拿锤子手机来说，罗永浩说:“我不是为了输赢，只为认真。”就这一句话瞬间俘获了无数罗粉的心,就冲这句话就让很多用户心甘情愿地掏口袋,这就是一种态度，一种品牌性格。

品牌人格就像人的个性一样，它是通过品牌传播赋予品牌的一种拟人化特征。品牌人格化可以有效锁定目标客户类型，如针对性别、年龄、收入或社会阶层等标准进行市场定位甄别。它可以有效挖掘目标客户的情感附加值，呼唤和激发客户群体对品牌的浓厚兴趣和情感依赖。还可以有效体现价值取向，在满足用户的不同需要时开拓市场。要想使品牌令人心动、独具一格、历久不衰，就必须真正把品牌想象成为一类人，它的价值观、外表、行为等方面应该具备什么特征，并将之贯穿到品牌建设与维护的全过程。

人的个性具有相当的稳定性，品牌也应该像个老朋友，不能轻易改变形象。如果品牌人格“朝令夕改”，就难以产生品牌形象与消费者体验间的共鸣，被市场淘汰就是不远的事了。

3.2 品类战略与“劈开脑海”

传统的营销重点在于把注意力集中在开发新的客户、开发新的市场来提升销量上，或者集中在发现客户需求，然后提供比竞争对手更优质、更便宜的产品或服务来满足客户需求。而在移动互联网时代中，企业的重点更多是放在产品上，运用品类战略来引领企业的发展。

品类战略指的是以打造品类领导品牌为目标，运用品类分化原理在消费者心智中开辟新的品类，或者重新审视尚未诞生领导品牌的既有品类机会，让品牌占据品类属性、主导品类发展，实现品牌进化从而创建品牌高价值的一种系统性的营销战略，它涵盖了品牌战略、产品战略和渠道战略。随着一个行业市场的成熟、消费者需求的变化，品类一定会分化。

一个企业的决策者如果明确知道品类总是在发生分化这一点

行业发展之道，就能更清晰地审视自己所处的行业，确立正确的决策：寻找时间和机会，通过对原有品类的分化创造新品类，然后集中全力成为新品类的第一品牌。

品类战略的核心就是品类存在于消费者的心智中，而不是源于市场，更不是源自产品开发部。品类战略是一个系统性的战略，这个战略不仅要解决品牌的定位，确定品牌近期和长远的发展目标，也需要揭示出实现这些目标的行动方案和重要途径。品类战略主要包括了品牌战略、产品战略和渠道战略。一个真正强大的、有价值的品牌，绝不是追逐、跟风就可以取得持续性成功的。

所谓的“劈开脑海”就是做到用户想不到，给用户一种想象不到的体验，像拿刀子劈开人的脑海一样，给用户留下深刻的印象。雕爷认为，品牌建设一般分为三个阶段，即“劈开脑海”、补充记忆以及品类升华。在现在的商业环境中，不论哪个企业，不论做哪个品牌，要做到“劈开脑海”都是非常难的，这需要企业产品、营销手段、企业运营等各方面的共同合作，才能让企业完成第一阶段，劈开用户的脑海，给用户深刻的印象。

3.3
把创始人变成明星

什么叫企业的媒体化？就是说现在的企业，要学会把自己做成一个媒体。我记得“微博营销教父”杜子建老师说过一句话：一个好主编胜过 100 个市场部。企业的媒体化有些什么样的方法或者说要注意些什么呢？我觉得第一点就是要把创始人变成明星，因为现在的创业企业不可能花大价钱去请明星，明星出场费太高，企业根本承担不起，一个企业需要变成活生生的有魅力的东西，应该像一个人一样有自己的魅力，所以其出发点就是将创始人打造成明星，用自己的个人魅力去感染客户，要让客户知道自己买的不是产品，而是这个人。

现在很多互联网创业企业都是创始人为自己代言，这是一种发展趋势，是由移动互联网的传播方式的改变而带来的。在互联网之前的时代，传统的时代中，我们看到很多企业更多的是采用明星来代言，真正让消费者知道的明星企业家并没有多少，消费者知道的都是非常大的企业家，像“海尔”的张瑞敏、“联想”的柳传志等。由于那个时代是主要以新闻媒体来作为传播媒介的，媒体只会采访最厉害的人，不可能采访中国几万个创业公司的所有创始人。然而在移动互联网时代，媒体由传统媒体变成个人媒体和自媒体，我不需要媒体采访我也能发布关于我的信息，所以创始人有了更多去展现自己的机会，况且这些互联网初创公司也没有足够的资金去聘请明星。那么如何把一个冷冰冰的公司变得有特点，怎么把公司变得人格化，怎么把公司变得让消费者记忆深刻呢？有一个非常简单的方法，就是创始人自己跳出来，将自己打造成明星，让消费者通过了解创始人之后再反过来了解公司和产品。创始人能不能为自己代言已经变成这个时代中移动互联网企业的一个标志。

但是创始人怎样才能成为明星呢？事实上每个创始人都是不一样的，有的创始人能言善辩，有的创始人则比较沉默木讷。但是不论你是什么样的创始人，不论你有什么样的特点，你都有把自己包装成明星的可能性。如果你是一个不善言辞的人，你可以通过其他方式例如装神秘不露面、不说话，藏在背后把神秘玩到极致。像“魅族”的黄章就是只在论坛里出现，基本不接受采访，这些都是打造创始人的方法。

创始人要成为明星，首先需要盘点自己的社交资本。因为创业其实就是你前半辈子经验积累的一种总释放，所以你要知道你有哪些社交资本：有什么样的朋友圈、他们能够怎样支持你、你有什么样的媒体朋友圈、他们怎样从你身上挖掘有价值的点等。当你把自己的社交资本盘点完后，然后规划释放。通过这种方式去得到更多的支撑，你才有为自己代言的可能。

第二，要提升自己的社交资本。提升自己的社交资本有很多方法，比如说参加各种论坛或者在有价值的社群里结识更多的人，然后再通过一些方式包括自己去写东西，去发表自己独特的观点等。其实有很多方法去经营自己的社交资本，比如黑马会成立时，我正准备创业，当时我还是一个坐在下面听很多人演讲的屌丝，有时我也在想什么时候我能够在讲台上展现一下自己的风采。后来由于我们创造了中国第一的众筹记录，所以我今天才能站在讲台上演讲，在各种会议中去讲述我的观点。所以社交资本是要有意识去规划和提升的。

第三，学会设计自己的魅力人格体。作为一个产品的创始人，你必须是一个有魅力的人，因为你要做一个产品去影响这个世界，因为你要去带团队，所以你必须是一个有自己魅力的人。因此怎么把自己的魅力设计好，将其发挥出来就是你要思考的问题。比如我微信圈里有一个朋友是很有名的培训师，他就特别会表达，特别善于展现自己的人格魅力。

我好几次跟他同台演讲，每一次他都会讲自己的梦想。因为他是大山里的孩子，从小他就有两个梦想，一个是不想以后靠种地为生，一个是他希望能够到北大去看一眼。后来因为他对微博、微信的了解，通过自己的努力，慢慢地他就实现了自己的第一个梦想，就是从此以后不需要再以种地为生了。第二个梦想在不久之后也实现了，他们几个人在北大讲了一下午的课，反响特别好。他每一次上台演讲说到梦想的时候都会哭，当时我还在想这哥们挺多愁善感的。后来有一次我跟他在一起演讲，结束后在吃饭的时候听到他跟别人讲，今天没讲好，因为没有哭出来或者说是没有哭到动情的地步。我一想原来这个哭也是一种设计好的展现他人格魅力的方法。

当然我认为这种方法是没有问题的，因为我是学心理学的，在大学的时候我们就知道其实在现实生活中我们扮演着各种各样的角色。社会心理学的欧文·戈夫曼写过一本书叫作《日常生活中的自我呈现》，里面讲到我们在日常生活中本身就扮演着爸爸、老板等各种各样的角色，你本身就在表演。那你作为创始人把你自己真实的梦想发掘出来，再加以表演放大去感染你的用户有什么不好呢？重要的是创始人一定要想办法去成为明星。

人格魅力还包括企业创始人的能力、企业团队的能力等各种条件，比如说大家都知道黄太吉的创始人赫畅，他就是一个很有能力的人。他经常开讲座，有时讲天文学，有时讲外星人，并且一讲就能讲六七个小时，这其实就是一种能力。

那么，一个创始人讲天文学，讲外星人和卖煎饼又有什么关系呢？这就是移动互联网时代的特点，首先企业需要的是关注度，讲煎饼是不会受到关注的，而讲外星人则是有关注度的，而且大家往往更喜欢看到的就是反差和奇怪的东西，一个卖煎饼的去讲外星人，这个本来就非常有反差，非常有意思，非常能够吸引人们的注意和关注。

此外，还有就是企业创始人的亲和力，我们会发现现在很多企业都开始“卖萌”，都说自己是屌丝，我碰到过好几个几十亿身价的大佬都自称是屌丝，这其实就是在增强自己和企业的亲和力。

3.4
找到你的情怀格调

品牌背后所蕴藏的情怀故事和品牌调性对于产品和企业来说是非常重要的。像我前文中提到的“江小白酒”，互联网第一屌丝文艺白酒，又名“青春小酒”，这个白酒背后有它的情怀。原来一瓶二两装的卖 10 元钱的小酒，现在它叫“江小白”，是个人，有非常多的生活理念。“江小白酒”出过 12 瓶为一套的格言瓶，就是每个瓶子上都写着一句格言。比如“关于明天的事情我们后天就知道了”“约酒的时候可以装醉，严禁装 13”。这 12 个格言瓶让很多“80 后”“90 后”觉得说到他们心坎里去了。因此我听说有女生为了搜集这个格言瓶而买了 12 瓶酒，把酒倒掉然后把瓶子收藏。所以一个品牌它背后包含的精神和生活理念会吸引消费者，从而让消费者因为这个理念来选择产品，而且“江小白”的广告都做得非常文艺，比如有一个地铁广告是这么写的：

亲爱的@小情

重庆的冬天到了，

你在北京会冷吗？

今天喝酒了，我很想你，

一起喝酒的兄弟告诉我，

喝酒后第一个想到的人是自己的最爱，

这叫酒后吐真言吗？

已经吐了，收不回来了。

这段文字将年轻人想念自己女朋友的心情和跟女朋友沟通的情景表达得非常好，这段文字其实和酒是没有任何关系的。但是很多“80后”“90”后看到后就会觉得很心酸，心酸了就想喝酒了。那喝什么酒呢？那就喝“江小白”吧，因为它最懂我的心情。

所以文艺情怀是能够给产品赋予新的定义的。

后来有一次“江小白”的创始人陶石泉到了北京和“雕爷”孟醒以及前IDG的李丰一起吃饭，吃完饭后陶石泉就发了一个微博，李丰后来还给我看了，给我显摆，那条微博的名字叫《文艺青年改变中国》。因为文艺青年往往对一个简单的事情可以产生很多的联想，可以给它赋予精神的东西，这些文艺青年在产品之外，在跟别人差不多的产品之上提炼出产品背后的精神，那么就会有很多人为了这种精神的归属感去选择产品。

3.5
讲好你的故事

在现代社会中，如果你单纯得只是去宣传产品的功能，消费者是不会仔细看的，但是如果你背后有故事，用户就会主动去传播这个故事。

我说过一句话叫“一个好故事胜过一百支烂广告”，有时拍一百支广告但是没有人看，也没有人说，没有人传，但是如果你有一个好的故事，就会被很多人传诵。

我曾经听过这样一个故事，是关于“大象安全套”的。“大象安全套”是一个“90后”创立的企业，他现在经常在讲为什么他会获得投资人的投资。他说他的投资人是一位男士，这位男士可能比较喜欢交女朋友，有一次他把美女约到了房间，喝着红酒，然后就去拿工具，比如说拿安全套。他发现他不能一只手打开工具，因此他必须停止别的动作去打开工具。打开工具之后又发现他分不清正反，这个很多男士都知道，分不清正反于是工具一不小心就掉在了地上，于是这个投资人就不耐烦了。后来过了一段时间他看到“大象安全套”，就觉得这个产品非常好，因为它不仅能够单手打开，而且能够秒分正反，所以投资人马上就投资了大象。

再比如当初“雕爷牛腩”的一个故事，雕爷说当时其实在店铺开业之前就已经内测了半年多，在那半年里他请各种朋友去试吃，然后让他们在互联网发表评论。当时就发生了这样一件事情，韩寒去试吃的时候，服务员没让韩寒进去，我后来问雕爷这件事是真的还是他们在炒作。雕爷跟我捶胸顿足，说是真的，是当时的营业员不认识韩寒，所以没让韩寒进来，如果他当时在场的话肯定会让韩寒进去的。

事实上，如果当时雕爷在场，韩寒肯定就会进去试吃，这会是一个故事，但是当时韩寒因为没有预约，所以被“雕爷牛腩”拒之门外这也是一个故事。也就是说，产品的背后是有很多故事可以讲的，就看企业怎么传播、怎么设计这些故事。

当然，如果你是做像我们“三个爸爸”这样的产品是肯定不能有“大象安全套”那样的故事的。因为这个故事是跟性相关的东西，它可能做得比较好玩，比较无厘头，但是跟产品的品牌特点定位也会有关系。

我们“三个爸爸”实际上也是有很多故事的。首先就是我们的创业故事，为什么我们会做这个产品，做一个儿童专用的净化器？是因为我们的个人经历。当时我太太怀孕，我想给她和未出生的宝宝买个净化器，结果考察遍了国内外的净化器都找不到好的，虽然当时也买了，但是后来还是愤愤不平，于是我们就决定自己来做净化器。

我们决定做净化器之后又有故事。当时我们很快就拿到了投资，一时间我们的信心就开始盲目膨胀，我觉得只做一个儿童用的净化器太限制，所以决定做一个针对所有人的净化器。于是就决定做一个“新蜜蜂牌”的净化器，“新蜜蜂”是我们的净化器品牌，但是后来这种想法就被微播易的徐扬给枪毙了。我们当时请徐扬先生给我们做社会化传播，但是他认为我们的这种做法背离了当初创业时的初心，而且不聚焦就无法做社会化传播，认为我们必须回到儿童这一定位中，这才有了后来我们的“三个爸爸”净化器。

当然这只是“三个爸爸”中的两个故事，除此之外还有很多可以传播和宣传的小故事，这些故事其实都是公司的无形财产，具有非常重要的价值。

一个产品能不能找到自己的故事，能不能讲好自己的故事，我觉得对于一个企业来讲是非常重要的。不管什么样的品牌定位都要把创业的故事、产品的故事讲好。另外还有就是要找到产品的情怀和调性，前文我提到现在用户买的不只是物理产品，更多的是产品背后精神的东西。

情怀其实对于创业非常重要，也是成为爆品的一个非常重要的支撑。因为所谓的爆品就是要去感染大众，光靠产品是远远不够的。“小米”一直在背后讲情怀，是玩情怀玩得最好的品牌之一。而我们“三个爸爸”背后的情怀无疑是父亲对孩子的爱。曾经有很多人问我为什么“三个爸爸”能那么快就拿到一千万美元的投资？我跟他们讲，最主要的原因就是我们把北京的雾霾和情怀这两方面结合了起来，用情怀去打动人。

2014 年 3 月我们刚决定创业一个月，正好 3 月初北京连续八天雾霾都特别严重。我们约投资人高榕资本的张震在望京的方恒国际喝咖啡，我把我们“三个爸爸”为什么要为孩子创业以及我们要做什么样的净化器跟他讲了之后，他是这么跟我们说的：“老戴，你们讲的什么片式、塔式，什么净化器技术指标，我一窍不通也不care，但是你们讲的事打动了我。你们知道吗？我昨天刚把老婆和孩子打发到三亚去躲雾霾了，我们家每个房间都有一台‘IQAIR’，家里的空气一定没问题，但是我看到外面阴沉沉的天就觉得对不住孩子，所以就让老婆带着孩子去躲两个星期再回来。你们这种爸爸对于孩子呼吸健康的关心，我一听就觉得特别有感觉，你们抱着这样的心态创业我支持。”于是我们3月份就签了一千万美元的投资，因为情怀能够打动这么冷静的投资人。

我后来也一直在总结我们“三个爸爸”这个品牌的背后是什么，最后总结出来是“爸爸精神”。

“爸爸精神”的来由是在2014年5月20日罗永浩锤子手机发布会上，他总结他们的精神是“工匠精神”，即我不为输赢，我只是很认真。我们听到后觉得这种精神很让人感动。所以我们就把我们产品背后的精神定义为“爸爸精神”,“爸爸精神”是什么呢？就是用最好的材料做最极致的产品，而且绝不容忍任何伤害孩子的技术出现在产品中。

所以像我在前文中提到的，我们不会接受用户希望不换滤芯这种需求，因为臭氧对孩子的生长非常不利；我们的产品不用紫外灯，因为怕它有辐射；我们的产品不用负离子，因为我们觉得这样也会产生臭氧，所以任何影响孩子健康的因素都不会出现在我们的产品里。而且我们的产品都是让家人先用爱用，让家人为我骄傲，我的产品总是第一个给我儿子使用。

如果这个产品会伤害孩子的健康，我怎么可能给我刚刚来到人世的儿子使用呢？这就是我们一直在传播的属于我们“三个爸爸”的情怀。

包括2014年8月29日我们开产品发布会，一般来说，在产品发布会上CEO都会讲他们的产品怎么样好，产品的各种指标多么“高、大、上”诸如此类的话题，但是我在产品发布上却完全没有讲我们的产品，讲的是三位父亲为孩子做净化器的故事。在发布会的结尾我说了一段话，后来他们都说非常打动人。

我是这么说的：“因为我的孩子是7月16日出生的，而我做发布会是8月29日，这一个半月内我因为创业特别忙所以没有时间陪孩子，因此我一般每天早上会抽出20分钟跟孩子待在一起。如果孩子醒了我就拉着他的小手陪他玩，如果孩子睡着了我就抽出20分钟躺在旁边一动不动地看着他。我大概坚持了一个多月，婴儿在睡梦中会笑，笑得特别开心，做过父母的都知道其实有时候我们也不知道孩子为什么会笑得那么开心。但是我看到儿子在睡梦里笑得那么甜，我就感觉很辛酸，因为我肯定要错过很多儿子成长的精彩瞬间。像孩子刚开始爬、刚开始站起来走路这些都是从我老婆的手机视频里面看到的，我不可能现场看到。但是我也感觉到很骄傲，因为我的孩子从回到家的第一天开始就在我做的净化器的保护之下，作为爸爸我给不了孩子太多的物质上的东西，但是我给了他一个最好的礼物，给了他最纯净的呼吸。”

后来很多记者来采访我时，都说我在发布会上讲的这段话挺打动他们，其实朴素实在、真实简单的感情最能够打动人。每个人都是父母或者将为人父母，这种爸爸对孩子的爱只要它是真的就一定能让人感动。所以把你的故事、你的情怀传播出来，对于企业的产品成为爆品才会有一个比较强的依托，最终的目标就是将企业、品牌、产品变成爆品。

当然爆品不一定是大众的爆品，也可能变成一个小群体的爆品。最终的目的是把情怀故事上升成文化的区隔，所以“小米”才会有自己的手机文化——发烧是一种态度，为发烧而生。

我们知道有一个服装品牌叫作“裂帛”，这个服装特别有意思，很多都市白领都会去购买。但是她们基本上一个月顶多穿一回，也就是周末度假的时候才穿，在办公室无法穿，因为它太民族化,太文艺。但“裂帛”这个品牌是“淘宝”卖得最好的服装品牌之一，为什么？因为它形成了一种文化，在都市中我们每天都为了这特别纷扰的生活而繁忙、紧张，都希望自己“生活在别处”，希望有一个能让我们精神放松的世界。而“裂帛”就是给女人提供一个这样的世界，提供一种异国情调和异族情调，提供一个让女人心里非常舒缓的品牌文化区隔。

所以只有当企业把情怀变成文化区隔时，才能够成为某个人群的亚文化的一个代表，才会在这个人群中成为爆品。

3.6
抓热点，引爆话题

现在徐志斌的《即时引爆社交红利 2.0》一书非常畅销，主要讲的是移动互联网时代现在有一个特别奇怪的现象，有很多应用或者话题，我们发现它一出来马上就会引爆。比如说朋友圈流行过的“脸萌”“摩曼”以及“围住神经猫”等应用。当时在微信朋友圈里基本上没有人不玩“围住神经猫”，那为什么在 2012 年以前所有的这些应用引爆的话它是一个温和的曲线，而到了微信时代则会出现一出来就彻底引爆的现象呢？这本书就是在分析这个，它的落脚点就是微信带来的社交红利。因为微信是一个特别大的平台，它把我们的社交关系全部沉淀在里面。

徐志斌总结了四个定律：短定律、新定律、好友定律和快衰定律。就是说如果企业想传播一个信息就一定要朝着这四个定律来设计信息。

短定律就是要减少用户的成本、增高收益。比如在朋友圈里点一下是成本，点进去阅读也是成本，用户成本花得越少、越简单，企业收益越高，就证明企业的这个信息做得越短。

新定律就是企业在传播信息与话题的时候，要找到用户的状态和诉求，就是用户为什么要传，用户传它是基于一个什么样的需求。

一个简单的例子就是“神舟”跟“优步”的大战，它带来了一个特别有意思的现象，就是朋友圈站队。有的人说：“我就支持‘神州专车’，因为‘优步’那样不安全”；也有人说：“我就支持‘优步’，因为‘优步’是分享经济的代表，代表着这个社会商业规律的未来”。所以就是这么一个话题，造成了朋友圈里用户根据自己的状态和诉求站队的现象。在站队中，很多人就会特别主动地去传播转发它，所以，通过“神州”跟“优步”的大战，我们看到话题在朋友圈里传播与讨论的快速性，如果你不谈这个事情的话，就感觉至少你不是创业圈，至少你这个人太out了。

还有一个是好友定律。当你的好友投入越多，对其他好友的影响也就越大。就是一个事情我多次地去转发，不断地去传播，那肯定在朋友圈里造成的影响会大。

第四个叫快衰定律，是指这种爆起的产品都是有生命周期的。当产品火爆的时候它一定会很快地衰落，原因很简单，因为所有的人都在使用，如果我刚开始用“摩曼”我会感觉到我很前卫，但是如果朋友圈里所有人都用“摩曼”我就觉得没什么意思了，因为大家都一样，我就不会用了。但是如果你有了一个特别火爆的高峰，你落下来的时候还是会比你原来起步的时候要高很多。

所以企业要学会制造话题、内容与目标，如果想要消费者通过社交关系来传播，希望产品能够及时引爆，就必须使自己的话题符合这四大定律。

我们“三个爸爸”实际上有很多热点、很多故事，我们的创业故事上文也提到了。其实有的时候你要想做出好的故事，做大家会传播的故事，就需要你去抓热点。怎么抓热点呢？比如我们负责社会化传播的人员每天都要研究微博的热门榜，研究这些热门事件。实际上我们是和两个热门故事连接的，对我们帮助很大也是促使我们众筹成功的一个重要的原因。

上文我讲到我们做出来一个除甲醛的指标特别高的产品，除甲醛指标高就是用户对产品的需求，但是因为没有一个指定的标准，所以我们无法与竞争对手相比。中国在没有明确的标准时，在 30 立方米的实验仓内检测出来的结果比如是 99%，1 立方米内检测出来的结果也是 99%，虽然结果相同，但是这两种是完全不一样的含金量。再比如 1 小时内测出来的结果是 99%，16 小时内也能测出 99%，虽然结果也是一样，但是产品的效率等属性是完全不一样的。所以说，其实当时在中国，对于净化器的标准是很模糊的，就算我们向社会大众宣传我们产品除甲醛的指标高，也没有任何意义，因为社会大众对此完全没有一个明确的概念。

所以为了能让大众接受我们，我们就很好地与当时的一个社会事件进行结合，从而再去向社会大众传播。这个事件就是 2014 年 8 月 26 日央视对整个净化器行业进行曝光，央视收了 10 个卖得最好的净化器，品牌包括“飞利浦”、“Blueair”、“夏普”等，将其送到国家中心进行检测，结果发现除甲醛最高的指标是 29 而且还是“Blueair”，但是“Blueair”的功能中没有标明它能除甲醛，而其他标明产品除甲醛的指标能达到 95% 的品牌全都沦陷，全都失败了，所以央视发了一条叫《空气净化器除甲醛基本无效》的新闻。

当我看到这条新闻的时候我就知道我们的机会来了，热点来了，所以我们马上跟国家检测中心联系，把我们的产品送过去检测。大概两个星期之后，检测中心的专家给我打电话说检测结果出来了。我问专家指标是多少？他说是 119。当时我一听到这也有点惊讶，119 的指标可比 29 的指标高了 4 倍，所以我就问专家我们这个产品到底是好还是不好？他说现在测了这么多产品还没有看过除甲醛效果这么好的。当时我就乐开了花，之后我马上剪了一个视频，前面是央视曝光的新闻，后面就是我们的报告。我们通过各种方式传播这个视频，这个信息，包括我们的众筹页面上都有这个。后来很多人用了我们的产品后就说我们的产品除甲醛好，央视都说了别的品牌除甲醛不行，只有“三个爸爸”这个品牌好。这就是我们将品牌与热点进行连接，做出了我们自己的故事。

另外，我们也会经常做一些好玩的东西，比如在北京马拉松上，有一个人戴着防毒面具跑步，我们看到后就想着怎么运用这个事件。于是，我们就让其中的一个合伙人宋亚南背着净化器上街跑步，其实也就跑了两步拍了一个照马上就撤了，背着净化器谁能跑很远？接着我们把这个图片到处传播，让大号去带，最后发现传得还挺多。我们看到下面有人评价说北京有个傻子，背着净化器上街跑步了，虽然我的合伙人被骂成傻子，但是这个传播效果起来了。就是说企业要制造一些能被大家谈论的故事和话题，这样才可能会成为爆品。

3.7
如何规划微博

随着移动互联网的快速发展，企业的营销、传播渠道也发生了很大的变化，就现在而言，很多企业都会用微博公众号、微信公众号等工具来进行宣传、营销以及与用户进行沟通。在中国这样的特定社会环境下，微博在没有进入更高阶段的营销进化之前，活动依然是现在微博营销的一个利器。如果对企业微博来说，内容建设是留人，那么活动策划就是拉人，企业做微博活动要么就是吸引新“粉丝”，要么就是增强“粉丝”互动、增加活性、传递品牌。特别是在企业微博“粉丝”增长期，活动更是吸引“粉丝”最行之有效的法宝。所以如何合理有效地利用这些工具对于企业来说也是一个很重要的问题。只有充分利用这些工具，企业在各个环节中才能收到事半功倍的效果。如果不能合理运用，有时甚至会起到相反的作用。

企业在规划利用微博账号的时候，每一次发布的微博内容是需要企业进行深思熟虑的。企业在发布微博之前，首先要先定位好微博内容，在确立了内容筛选的范围后，就需要企业对微博内容进行编制和管理。系统化的内容管理机制有助于运营专员快速地对微博内容做出判断、筛选和发布，同时也能大大地减少层层上报这种烦琐流程而浪费的时间。按照内容来源方式分类，一般来说微博内容分为下面几种类别：

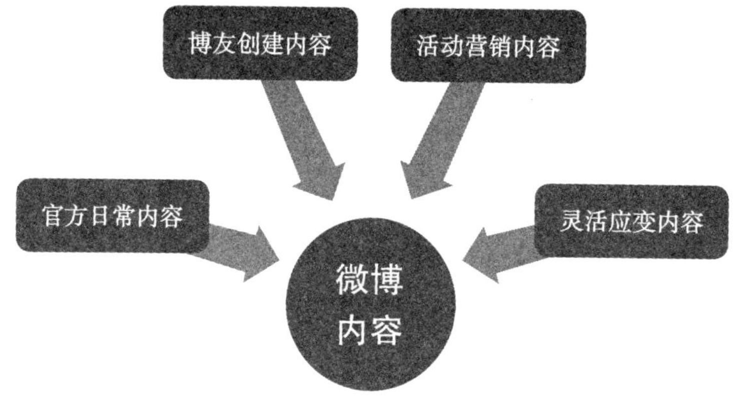

其中“官方日常内容”指的是企业微博每天定时定刻需要发布的内容，为企业微博固定板块。日常内容可原创，也可引用他人的精华内容，但是切记注明作者和出处。“博友创建内容”指的是日常微博运营过程中，企业对微博信息进行适当采集，并结合品牌及微博个性对部分内容点评并转发生成的微博内容。“活动营销内容”指的是企业要适当举办营销活动，提高企业微博知名度，获取潜在客户的关注。“灵活应变内容”则指的是企业发布的一些符合大众关注、符合热点的并不固定的内容。其产生的渠道一般有两种：结合每日微博热门话题榜单进行适当创作以及针对节假日撰写。

企业要开展营销活动，首先要设置合理的营销目标，然后进行不同话题的时效性和趣味性等可参与指标的初步确定，在按照企业产品或者服务的主要特质和特征对主题进行结合后，提炼出若干个小话题，通过不断关注分析的参与情况进行控制，最终实现优质“粉丝”的沉淀，实现活动预设目标。需要注意的是，这里的话题引入要讲究循序渐进，话题范围要从宣传的大众话题逐渐过渡到具有一定专业或者产品知识的深度话题，只有这样才能有效地发现优质用户，沉淀真正的潜在用户群体。就现在而言，一般的微博活动规划和策划的方法如下，但是这些方法并不是一成不变的，还需要企业的微博运营人员自行结合本企业进行创新，才能更好地规划微博活动，有力地推动企业的发展。

1.有奖转发

有奖转发是目前企业采用的最多的活动形式，只要“粉丝”们通过转发、评论或@好友就有机会中奖，这也是最简单的，“粉丝”们几乎不用花费太多的气力。有奖转发现在运用较多，众多营销者也相应提高了中奖门槛，比如除了转发外，还需要评论或@好友达到一定数量或者更多。

2.有奖征集

有奖征集就是通过征集某一问题的解决方法吸引参与，常见的有奖征集主题有广告语、段子、祝福语、创意点子等等。调动用户兴趣来参与，并通过获得奖品吸引参与。

3.有奖调查

有奖调查目前应用的也不多，主要用于收集用户的反馈意见，一般不是直接以宣传或销售为目的。要求“粉丝”回答问题，并转发和回复微博后就可以有机会参与抽奖。

3.8 如何规划微信公众号

与微博账号一样，企业的微信公众号也是企业借助于移动互联网而采取的另一种宣传与交流的工具。微信公众号确切来说是一个对外的媒体窗口，它是一个集微博、博客、手机应用、手机网站于一体的窗口。对任何媒体来说，最重要的当然是内容，作为新媒体的微信公众号当然也不例外，当一个订阅号的内容兼具实用性、贴近性、趣味性，能够满足用户分享的满足感、炫耀感时，这个账号可以说就成功了一大半，才能让用户主动分享，辐射到用户强关系链上的好友，促发更多基于真实关系的传播。

现在的微信公众号主要分为订阅号和服务号两种，对于订阅号而言，要求定期推送的内容要有新意，有吸引力；对于服务号而言，则要求运营人员好好把握自定义菜单的引导建设，让用户遇到问题时能第一时间找到解决办法。而企业在做微信公众号时，无非也是具有销售目的的公众号和强化品牌作用的公众号两种。以销售为目的的公众号要求实时向用户传递活动、优惠、促销等信息，因为用户关注具有销售目的的公众号是明确表示想及时获得企业的折扣信息。而以强化品牌作用为目的的公众号则需要内容规划与服务及时地体现出企业的品牌文化，在帮助用户的同时传递企业的文化，在传递文化的同时优化用户体验，这样更能绑定用户的心。

企业在做微信公众号的时候，也要注意每次推送的内容，只有发布令用户和关注者心动的内容时，这个账号才能维持下去，所以企业发布的内容要基于企业自身定位、市场导向以及用户喜好之上，从而选取合适的内容，尽量不要发布与企业自身无关的内容。其次，需要注意的是，用户的需求点才是企业选择内容的关键点。这些内容要保证能够使用户看到后自觉分享，产生裂变式的效应，这样才能引来更多的人关注企业账号。

企业在规划微信公众号的时候，可以采取和规划微博号一样的方法，但是微信公众号和微博在本质上仍有着不同之处，所以企业在规划微信公众号时一般来说也有不一样的方法。

1.账号定位

账号定位是微信公众号诞生的前提，这里的定位要结合企业本身的性质进行，根据本身的性质确立品牌形象以及目标人群。

其次就是为公众号取名、描述功能、选择公众类型、设计二维码，以及设置账号头像、完善认证环节等，这些准备工作虽然看起来不重要，但这是外界对公众号的第一印象，也代表了企业的品牌形象。

2.设置内容

企业需要知道的是每次应该向“粉丝”推送什么样的内容，是单图文消息还是多图文消息，是推送有趣或者有价值的内容来吸引用户，还是推送满足用户需求的消息，这些消息应该符合订阅用户的意愿。

3.团体合作

微信运营涉及市场推广、销售、售前售后、物流查询、财务等环节，所以微信团队的理想搭建模式是以市场为导向，各部门配合，共同做好运营。企业微信运营团队至少要配备五个人：新媒体策划人员，主要负责活动策划和内容策划；美编，主要负责图文编排、内容的文字版式设计及图片的美工；推广人员，负责线上线下企业微信的推广；内容编辑，负责内容的撰写与收集“粉丝”对内容的反馈，方便策划人员制订出更好的内容策划；客服人员，主要负责收取“粉丝”的反馈意见，提供微信客服支持，比如语音聊天、语音问候、解答问题等。

04
PART

社群战略：
把过去的积累轻松变现

4.1
“粉丝经济”：这个时代品牌最大的资产

定义：因为“米粉”，所以“小米”

“粉丝经济”是现在社会中呼声很高的一种经济模式，那么究竟什么是“粉丝经济”呢？我的朋友，“联思达”的丁丁有个定义我觉得非常好，她认为“粉丝”所代表的是现今的一种消费者潮流，是参与化、情感化、圈子化的消费者集群。这个定义有三个要素，第一个要素叫参与化，就是用户参与到企业的各种经营活动中来；第二个要素叫情感化，是指他对企业产生的情感；第三个要素是圈子化，企业要有一个平台，不管你是社交群还是其他什么样的方式。企业要把用户圈在一起，这样就会产生不同的层级，里面会形成结构。如果企业做到这三个指标，就会拥有“粉丝”。这能够给企业带来非常多的商业价值，这就是“粉丝”经济。

一个企业需要有消费者买你的产品，需要有用户买了之后跟你发生互动，更需要有“粉丝”通过互动对你产生情感的连接。这对于企业来讲其实是一种战略选择，“粉丝”已经成为品牌最大的资产。我记得《哈佛商业评论》有篇文章讲，在这个时代里，品牌已经越来越没有作用了。因为以前品牌最主要的作用是促使消费者在购买产品的时候不需要也不用选择，可以直接依靠品牌去购买自己所需要的产品。而现在有了“大众点评”等各种评价体系，很多人会根据朋友或者别人的评价来选择产品，所以品牌的知名度、美誉度已经不那么重要了。所以，“粉丝”经济才是这个时代品牌最大的资产。

做“粉丝”经济最有名的案例无疑是“小米”，“小米”也一直强调“粉丝”对它的重要性。尤其在前两年的时候，很多人比如说大学刚毕业的毕业生就是以“米粉”为荣的，当他们告诉别人自己是“米粉”的时候，他们会觉得自己比周围不是“米粉”的人高级，这就是“粉丝”经济中“粉丝”的一个最典型的心理。一家成立不到三年、产品卖了只有一年多的创业公司竟然跻身百亿元俱乐部，这样的成绩在全球创业公司中绝无仅有。很多人把“小米”的成功归功于饥饿营销，但是事实上饥饿营销只是“小米”成功的一个手段而已，真正能让“小米”获得成功的是“小米”的上百万忠实“粉丝”——“米粉”。

首先“小米”将产品的消费人群定位为发烧友，并提出自己的核心理念——“为发烧而生”，这就为产品聚焦了广泛而又准确的消费人群。

其次，“小米”提出自己的宣传口号：“因为米粉，所以小米”，它绝不只是一句简单的口号，而是“小米粉丝至上”的企业文化的真实写照。从给30万“米粉”每人发送一张100元现金券，到向712万手机“米粉”发放50万张50元配件现金券，最后到两次“米粉节”给“米粉”的8000万元折扣优惠，都是“小米”想与“米粉”交朋友的最真诚的表现。

并且事实证明，“米粉”对于小米手机、“小米”企业发展的影响力是巨大的。比如通过微博，“米粉”对于“小米”的反馈也是热烈的，这无疑最大限度地强化了“小米”的宣传效应，减少了营销成本。“小米”在发布青春版小米手机时，几个合伙人花了一下午的时间拍了一组与青春有关的照片，在微博上短短两天就达到了转发200多万次、评论90多万条的成绩。

雷军曾说过：“小米是个浩瀚的工程……但我从来没有担心过。因为我不是一个人在战斗，我的背后有百万米粉。”这一句话，真真切切地道出了“小米”成功的本因——“粉丝的拥护是生产根本。”2012年4月6日，“小米”成立两周年，上千“米粉”从各地赶到北京聚集在一起，雷军在台上一呼百应。现场公开发售 10 万台小米手机，仅用了 6 分 5 秒就全部被抢空。而在广州、武汉等地，“小米之家”本来是上午 9 点上班，可很多“粉丝”在 8 点就到门口排队。每一家“小米之家”成立时都会有人送花、送礼、合影，满一个月的时候还有人来庆祝“满月”，甚至还有人专门为小米手机作词作曲写歌。这些“米粉”，成为购买“小米”的主力军。

“小米”这一切的非凡成就都离不开“米粉”的支持，为了聚集和培育“米粉”，小米手机将网络玩转到了极致，把网络做成培育“米粉”的一个平台，尤其是微博。到目前为止，新浪微博号“小米公司”和“小米手机”的“粉丝”都达到了上百万，这两个“粉丝”群的人数加起来对于“小米”企业来说就是一笔巨大的无形财富。而雷军作为企业的创始人，在网络平台中他既是小米手机的掌门人，更是一个为“米粉”排忧解难的客服人员。通过微博，“米粉”也可以随时反馈自己的意见，随时与小米手机的员工进行沟通，这就拉近了“小米”与“米粉”之间的距离，能够巩固“米粉”的凝聚力。

在日趋成熟的手机市场中，“粉丝”对于手机已经不单单满足于通信，对服务范围和质量都提出了更多的要求和需求，所以如果“小米”想获取更多的“粉丝”或是巩固已有“粉丝”，就必须具备战略性眼光，不能只满足于发展现状。“因为米粉，所以小米”，“米粉”铸就了“小米”的成功，也决定着“小米”的未来。

提炼信念口号

企业口号从另一方面来看也是企业文化的一个缩影，所以企业的口号对企业的发展也有一定的影响作用。企业口号往往是企业产品、企业目标的提炼，让消费者一听到企业的口号就能够对企业产生兴趣和信任感。

前文中提到，“小米”是有明星的，但是除了企业明星之外“小米”也有其背后的信念口号，叫“为发烧而生”，“小米”第一批用户都是发烧友。“小米”是跑分指标，使用各种安兔兔软件，配置也都是最高、最新的配置，所以它提的口号是“为发烧而生”。“发烧”是一种生活态度，是一种高品质的追求，“发烧”就是懂手机的用户才买这个产品。通过这样的一个信念口号其目的是让用户买了手机之后有一种比较强的心理预期，而且有一个跟别人传播的理由。大家都知道小米手机之所以火爆其主要原因是便宜，性价比高。但是对消费者而言，如果一个产品它的性价比虽然高但是会给人一种没有面子的错觉，比如说买“小米”的人都是穷人，都是没有钱的人才会买的一款手机，那么我想“小米”就不会这么火爆了。

所以“小米”通过自己的信念口号告诉消费者，买了“小米”

并不是因为你没钱，而是因为你聪明，你真正懂得手机，你不必像很多人买“苹果”装土豪，因为你是一个真正懂得手机的人。所以一个信念口号对于“粉丝”经济也很关键。如果你没有信念口号，你就无法把“粉丝”聚集在一起。

我们知道“小米”的口号是“专注、极致、口碑、快”，其实这四个概念都是跟爆品相关的。“专注”是指它做很少的产品，小米手机只有四五个SKU。而当时的诺基亚手机同时在市面销售的就有几十款，三星手机也是这样，但是能够成为爆品的却没有多少。所以只有专注，只做好几个产品它才有可能成为爆品，因为这样企业所有的资源和精力全都倾斜在这几个产品上。这里的“极致”，一方面是在产品的层面把用户重视的指标做到极致，另一方面其实往往是指把价格做到极致，产品有极高的性价比时才会立即被用户选择，因为用户不需要思考和对比。

第三个词叫作“口碑”。如果一款产品是企业专注极致做好的产品，用户用了之后就会有很好的口碑。他们就会把产品当成广告去向别人传播。第四个是“快”。其实不是产品的硬件快，而是软件快。所有的爆品战略往往都是跟互联网相关的产品，因为只有跟互联网相关的产品才有软件和服务的层面，只能在软件和服务层面进行迭代升级。“小米”的爆品战略讲的是“铁人三项”，所以“小米”非常重视“快”这一因素。由此可见，小米手机的“专注、极致、口碑、快”实际上就是它爆品战略的一个重要构成。

而我们“三个爸爸”也提出了自己的口号——“偏执狂爸妈”。之所以提出这样的口号是因为如果父母想给孩子买净化器，其实是有很多品牌可以选择可以买的，但只有特别爱孩子、爱到偏执的父母才会给孩子买级别最高、指标最高、安全性最高的儿童专用净化器，偏执狂父母才买“三个爸爸”，这是我一开始想做的亚文化概念。但后来我在做实践的时候我们的小伙伴都反对，认为“偏执狂”这个词好像带有负面的意思，因此我们又开始重新讨论“三个爸爸”的亚文化。其实我认为我的想法也不是错的，因为如果买了“三个爸爸”净化器的父母都觉得自己是特别爱孩子的话，那你不买就证明你对孩子的爱不够，难道这不是亚文化吗？说不定还能像发烧友那样带动我们净化器的销量。

总而言之，企业在树立起自己的企业明星之后，还要为企业提炼一个合适的口号，这个口号不是空喊出来的，而是将企业文化、企业目标等元素共同糅合而提炼出来的，一个好的企业口号对于企业而言也是一种无形的推动力。

找到种子用户

对于企业而言，种子用户可以凭借自己的影响力来吸引更多的目标用户，是有利于培养产品氛围的第一批用户。需要注意的是，种子用户并不等于初始用户，这两者之间有很大的区别。首先，相较于初始用户而言，种子用户具有影响力高、活跃度高等特点，这是初始用户所并不具备的；其次，种子用户的质量比数量重要。企业在聚集种子用户的时候，要保证用户的性格尽量和产品的调性相吻合，对质量的要求要远远大于对数量的要求，有时少而精的用户相反地更有利于产品性格的塑造。最后，与初始用户不同，种子用户会在使用产品的同时为企业反馈一些中肯的意见和建议，帮助企业不断对产品进行迭代和完善。所以种子用户对于企业而言有着重要的意义和价值。

在企业发展的各个过程中，都需要种子用户的参与。尤其是在企业发布某一款新型产品时，种子用户的参与就有重要的意义。企业在发布某一款新型产品时，早期的产品体验往往并不完善，流程也不规范，使得产品的核心价值无法保证，所以这个时候就需要种子用户参与进来，对产品进行体验，才能保证产品在投入市场后不会有太大的问题。在产品生产出来并投入市场后，企业需要一个口碑和势能积累的过程，而种子用户在这个时候就能够替企业、替产品进行传播，给企业引来更多的用户。而在产品投放后期，种子用户依旧会继续助推企业进行品牌传播和病毒传播，能够为企业在宣传方面节省一大部分精力。

一般而言，现在的企业大部分都是采取以下几种方式来获取自己的种子用户。

1.口碑传播

相比高调又烧钱的名人传播，依靠种子用户的口碑传播则要低调省钱一些，但是这样一来，对产品的要求更高，除了要满足用户的核心需求，还要让用户用得爽、用得值、用得开心，并找到归属感，这样用户才更有可能主动自愿地帮助你传播。

2.名人效应

邀请有影响力的名人注册和使用产品，利用名人的知名度吸引草根用户。这些名人用户，不一定是意见领袖的代表。如果名人本身的人格特征与个人品牌类型和产品的气质相吻合，也可以达到宣传产品的效果。

3.马甲运营

有些产品，尤其是社区类产品，需要引导种子用户形成符合产品调性的讨论氛围，这就需要开发者和运营人员批量注册一些马甲，一方面要生产符合产品性格的高质量内容，推荐给用户，一方面要模拟真实的用户与种子用户进行良好互动。

企业在找到种子用户后，还要做好种子用户的运营和维系，就要保证种子用户在使用产品时得到超出预期的体验。在移动互联网时代，企业和用户的沟通变得极其方便，所以企业应该大量加强和用户之间的沟通与互动，给种子用户一种被重视的感觉，这样才会保证种子用户的忠诚度。其次，企业也可以在线下与种子用户进行强链接。现在就算有用户在网络平台上与企业进行交流，并不代表用户与企业的关系就是接近的。所以当企业在线下与种子用户进行链接时，就会给他们一种超出预期的体验，也能够加强企业与种子用户之间的联系。最后，在种子用户对企业进行信息反馈后，企业应该及时跟进反馈用户，让用户得到更多的尊重感和参与感，这样才能加强种子用户继续与企业进行深切交流的意愿。

每个新品都要发动“粉丝”

企业的产品要成为爆品，哪怕企业给了用户特别高的性价比，哪怕有了话题，这些话题谁来传播？所有人买了你的产品用了都会帮你传播吗？不会。所以只有愿意跟企业互动的用户才可能去帮企业传播，只有跟企业形成了强互动的“粉丝”才会去帮企业传播产品内容。所以企业想做爆品的话除了产品必须要有高性价比，除了必须要有传播的内容之外，关键的是企业还必须有自己的“粉丝”体系，这个“粉丝”体系甚至是企业要做的营销前置。

企业跟用户的互动不是说产品做出来了，卖给用户后再来和用户建立关系，而是在产品研发阶段就要开始运营强关系的“粉丝”，产品研发阶段就要让用户参与进来，让用户参与做很多事情，甚至有时企业的产品都是用户帮忙研发出来的。当一个用户的建议被企业采纳，产品生产出来后他会不会很骄傲地告诉别人这个产品我也参与了？“小米”就经常玩这个，“小米”的软件是每周做一次更新的，有些用户提的建议它就会采纳。我觉得这是一种思维方式，如果企业想做爆品，就要有用户“粉丝”的思维，就要让用户深度参与企业的事情。不是所有的用户都会去和企业互动，但是强关系的“粉丝”参与就形成了企业产品变成爆品的一个可能性和基础依托。

连工程师都要见客户

让工程师见客户是企业为了加强产品和用户之间的联系而采取的一种手段，让工程师与用户、客户进行交流，可以避免企业走很多弯路，工程师可以根据客户和用户的意见直接对产品进行改善，从而使产品能够更好地符合用户的要求。这也是“粉丝”经济时代，尊重“粉丝”、利用“粉丝”而促进企业发展的一种方法。“小米”是这种方法的开拓者以及实施者，并且结果证明，这种方法对于“小米”的成功有着重要的作用和意义。

“小米”在找用户痛点的时候，就会让工程师直接和用户、“粉丝”、客户等进行对接，让全公司的工程师和用户进行深入交流。一般企业的工程师都是待在办公室里写代码，而“小米”的工程师跟别的企业不一样，他们会在论坛上公布自己的作品，就是让用户知道每个工程师的作品。而且“小米”经常会搞线下活动，工程师参与线下活动的时候企业会请女“粉丝”来，这对工程师的激励作用非常大，因为这样可以获得女“粉丝”对他的认可，满足工程师的荣誉感和成就感。另外他们还有一个“粉丝”投票活动，就是“粉丝”给工程师进行投票，票数最高的会得到一个“爆米花奖”，虽然这个奖就只是一桶爆米花，但是却可以给工程师以荣誉，从而激励工程师。“小米”就是通过这样的方式让工程师和用户深入地接触。

除了让用户和工程师深度接触之外，“小米”在挖痛点的过程中也去深度理解用户。比如说“小米”MIUI改进的故事，“小米”最好的一点就是它有个论坛，用户可以在论坛里说出自己的各种需求。用户说我要大头贴，然后MIUI的研发人员就通过研发满足了用户的需求。但是用户在论坛里质问为什么没有满足自己这方面的要求？因为是在论坛里，所以企业可以直接跟用户进行私聊，跟这些用户进行沟通之后才知道原来她们要的是“一打电话，电话全屏都是自己的照片”这种效果。所以挖痛点一定要深度去了解用户，现在互联网非常发达，企业可以通过这些互动的工具去深度地跟用户进行沟通。

让工程师和用户直接进行沟通，对于“粉丝”而言，会觉得自己的意见受到了企业的尊重，甚至自己的意见也会被企业所采用，这就大大加强了“粉丝”和企业之间的强关系。而对于企业而言，让工程师和用户进行沟通后，因为工程师才是产品的制造者，所以工程师能够更加明白用户需要什么样的产品，用户的痛点有哪些，根据这些就能够设计出更加符合用户需求的产品，这对于企业的发展和产品被市场、被消费者认可具有重要作用。

关系链裂变：“粉丝金字塔”

“小米”有一个产品的用户开发平台，所有的用户，只要你愿意参与就会给你更多积分，去体验产品，做产品经理。“小米”有一个关系链裂变的“粉丝金字塔”，最底层最核心的是 100 多个超级“粉丝”，往上是 5000 个“铁杆脑残粉”。

什么叫“铁杆脑残粉”？“雕爷”孟醒经常说品牌虐你千百遍，你待品牌如初恋，这就是“铁杆脑残粉”。“铁杆脑残粉”就是我买了小米手机但是发现手机发热不好用，我还告诉别人这是个别现象，告诉别人这发热可能还比不热好，总之就是不论怎样都能把产品的缺点变成优点去维护品牌，这 5000 个“粉丝”就促成了“小米”几千万台的销售。

“小米”有个荣誉开发组就是用户参与研发，这个组的人数大概是 1 万人到 10 万人之间，负责每周对“小米”发布的软件、硬件等各方面进行打分。“小米”的真实“粉丝”是 100 万左右，剩下的那些买小米手机的人都是今天买“小米”，明天“魅族”便宜我就买“魅族”。所以“粉丝”它不是每一个个体都等同的群体，它是有一个关系链裂变的金字塔。

“小米”有一个“米粉节”，“米粉节”其实永远都在回顾最初支持他们的 100 个“粉丝”，还用了一开始那 100 名“粉丝”的网名做了一个屏保。“米粉节”既是“小米”的一个狂欢节也是“小米”销售最高的一个节日。

“粉丝金字塔”对于企业而言是很重要的，一方面能够为企业带来巨大的流量，为企业的产品的传播提供了助力，另一方面，“粉丝金字塔”可以为企业应对用户，应对“粉丝”提供参数，让企业可以得知如何加强自己与“粉丝”之间的凝聚力，从而促进企业自身的发展。

从“粉丝”到用户平台

我们一直在强调“粉丝”对于企业的重要性，但是这并不代表企业有了“粉丝”就会一路顺畅。需要注意的是，“粉丝”并不代表就是用户，用户也不一定就是“粉丝”，“粉丝”和用户是两个不同的概念。“粉丝”经济的快速发展得益于中国的人口红利，是移动互联网快速发展带来的一个结果。中国的人口数量、网民数量、手机用户等不断地增长，这就更加促进了“粉丝”经济的增长。尽管“粉丝”经济对于任何一个企业来说都是重要的，但是只有企业在能够区分自己的“粉丝”和用户，并且采取不同的方式来应对这两个人群的时候，企业才能够稳定地发展。

“粉丝”不一定全是企业的用户，“粉丝”实质上就是一个群体，所以群体中的很多人仅仅只是跟风，他们对于企业的品牌并不深爱甚至都不甚了解，只是为了赶上时代的潮流而去关注某个企业或者去购买某个企业的某种产品。他们要的仅仅只是一种参与感和荣誉感。而用户则是认同企业和信任企业的一群人，他们不仅仅是企业产品的购买者，还是企业的另一种程度的合作伙伴。当企业有某种漏洞时，用户一般会理解和宽容企业，而“粉丝”则并不是这样。就“果粉”和“米粉”这两个人群来说，果粉中的很多人并不是一般的“粉丝”，而是“苹果”的真正用户，将他们认同的“苹果”不断科技化，而对于“米粉”而言，很多人可能仅仅是“粉丝”而已，并不算是“小米”真实的用户。

所以尽管企业拥有了庞大的“粉丝”群，也不要妄自膨胀，要知道这个庞大的“粉丝”群里可能只有少之又少的一部分人可以称之为企业的用户，剩下的可能都只是跟风的人而已。所以企业在拥有了“粉丝”群之后，还应该更加积极地与“粉丝”进行互动，将“粉丝”变成自己的用户。企业应该采取不同的方法应对“粉丝”和用户，让这两个群体都能感受到参与感以及企业给予的尊重感，这样很有可能“粉丝”就会慢慢变成企业的真实用户，而用户也会变成企业的铁杆“粉丝”。

4.2 玩好社群：用社群推进企业的发展

组织你的代理商和用户社群

像我们“三个爸爸”现在在做自己的用户社群，慢慢地我会让用户社群里比较活跃的用户去开新群，那么开的这个新群实际上也是我的潜在用户群。他在我们群里获取到价值，开了新群后作为群主他能够获得更多的人脉资源。通过这种方式企业就能把更多的用户团结在自己的周围。

其实，我们首先需要做的是把愿意跟企业互动的用户变成“粉丝”。而想要把用户变成“粉丝”，企业就需要社群，需要一个组织方式。首先企业得让“粉丝”有代入感，只有当用户有了代入感后才会变成“粉丝”。这个其实就要求企业必须要有一个把用户聚集在一起的方式，让用户处在一个圈子内，在这个圈子里让用户跟企业的联系更加紧密，让用户能够带入到企业的事情中来。

第二个是参与感，参与感其实有很多方法，比如在社群里你想让用户的参与感加强怎么办？因为在一个社群内基本上只有20%的人会说话，并且这一小部分的人中只有30%~50%的人是活跃的，也就是说一个500人的社群，活跃的人数可能也就50个人。那企业怎么让社群里面的成员有更强的活跃度，更多的参与感呢？这更多地则需要企业自己去探索，去创造让用户参与的方法。

我有个朋友做了一个社群叫“蚂蚁部落”，他的玩法就非常有意思，他在社群里进行选举，首先选了10个皇后，因为选皇后时每个人都会在社群里进行拉票，所以社群就变得非常活跃，经常会发一些红包。选完皇后就选国王、选公主、选格格、选王子、选这选那，最后发现这个500人的群里有100多个人都是有绰号的，都是通过选举选出来的，经过这么多场的选举让这个社群变得活跃了起来。因为要拉票所以你就得去跟人交往，交往频繁后这个社群慢慢地活跃度就变高，变得很有价值。这个群里有100多个经常说话的人，别的群里可能顶多也就50个，然后这100多个经常说话的人还会带动更多的人参与进来，而且他们每周会搞一次产品的拍卖，厂家可以捐助一个产品然后在群里拍卖，拍卖之后这个费用还是群的费用，通过这种方式就把用户的参与感提升到最强。

想要让用户、社群中的成员互动起来并不是一件简单的事情，想要将一个社群的积极性与互动性提高起来也并非易事。如果企业建立起了自己的社群组织，但是用户却并没有与企业进行互动，那么这个社群就没有存在的意义和价值。而想要促进用户之间的交流，促进用户与企业之间的互动，则需要企业自身去探索、去创造能够调动用户积极性的方法，这些方法并不是一成不变的，而是由企业与社群本身的性质决定。

第三个是反差感，我们为什么爱看小说、爱看电影？因为电影跟我们的现实生活不一样，所以社群中的交往也要有一种反差感，社群中的交往不能够太实际太现实，它要有很多梦想的元素在里面。

第四个是仪式感，我们看到很多社群都有自己的旗子，有它专门的手势，这些都是符号，都能给社群一种仪式的感觉。社群还有自己的节日，像“小米”4 月 8 日的“米粉节”。此外社群里还要有很多场景，比如不同的节日有不同的场景、不同的表现形式。“罗辑思维”之所以发展得非常好，一个主要的原因就是它其实很善于塑造这种东西。

第五个是成就感，用户进到社群里虽然说不是来上班的，但是把时间花到社群里他肯定要有所收获，比如说使命、赋权和分享。一般来说，社群的创立者一定要给社群里积极的人以更多的权力，给他使命感，给他真正支持他这么做的价值观，这样他才会觉得自己有义务去帮企业宣传，从而把用户变成“粉丝”。

拿我们“三个爸爸”来说，我打算做一个让用户参与研发的产品型社群，首先做到一两个主群，然后再做七八个辅助群，群成员都是一些创业者、营销者，还有一些做父母的。对于辅助群，我们则主要让一些普通的父母参与，因为我觉得普通父母的参与度会较低一点，对于他们而言，可能除了参与探讨好玩的东西外，并没有太多的需求。但是对于有创业者、营销人和为人父母双重身份的人而言，对于社群就会有更多的共同的需求。因为我们是想拉一帮人一起来玩产品型的社群，如果你是一个创业者父母，通过这个社群，你不但能够学习到很多知识，而且能够掌握玩转产品型社群的方法论，我觉得这种经验对于创业者和营销人员来说是非常重要的。

所以我们的主群成员，我准备找具备创业者、营销人员加父母的双重身份的人，成员们进入到这个社群后可以学到知识，掌握方法论，甚至获得人脉、利益等很多东西。我们的这个群是由很多人发起的，有我的合伙人陈海滨、“微播易”的徐阳、“洛可可”的贾伟，他曾经受到中央领导人的接见，还有粉销专家丁丁。我们五个人联合建立这个社群，所以我们都会在社群里互动，成员可以与我们互加好友从而进一步接触，甚至对接资源都可以。接着我又邀请“洛可可”的服务体验设计团队来和我们一起做这件事情，也就是说到时候社群里不单单只有“三个爸爸”的产品，“洛可可”的产品也会进来。另外，我们还邀请了江南春、牛文文、杜子建等许多顾问参与到我们当中，大大提高了我们社群的档次。

我们给这个社群设计了一系列的价值，大概有七个价值：第一个价值，每周一次的大咖分享，请“雕爷”孟醒等大咖到群里做分享；第二个价值，用户在社群里可以深度参与，做净化器的时候我们没有这样做，因为没有多大的用途。我们会做一些其他有意思的事情，尤其是做儿童智能机器人，我们做的这种机器人具有记录孩子生活中精彩瞬间等功能，这些就需要去跟用户对接；第三个价值，打通母婴产品的研发，将母婴产品放到这个平台上；第四个价值，每个月我们都会找一些知名店铺的产品，然后在群里对一些成员进行赠送；第五个价值，对于我们自己研发的新产品，群成员和经纪人都会得到免费体验的资格，到时候参与研发的人员至少可以获得成本价购买的资格；第六个价值，其实究竟应该怎么玩转产品型社群，我也不是很精通，所以我希望找一些人来一起运营，共同来总结社群方法论，到时候大家一起写一本书，参与的人就是共同出版人；第七个价值，所有入群的人都会有一次免费众筹的资格，对于产品众筹不了解的成员，我们可以提供额外的帮助。

对于这个社群，丁丁跟我说如果要做好，就一定要有门槛，假如没有门槛的话社群也就没有了价值。所以我们这个社群有两个门槛，第一个门槛是成员必须要有0~10岁的孩子，或者太太已怀孕也行。因为只有有孩子时，成员们才知道怎么去做跟孩子相关的智能硬件产品；第二个门槛，社群成员要购买我们“三个爸爸”的产品。在“京东”上我们正好有一个一年免费用的活动，成员购买产品，一年之后如果不喜欢产品还可以再退回来，所以说这个群是有门槛的。

虽然成员要花2899元或者4999元，但是也可以说，这个群是没有门槛的，因为一年之后成员如果感觉到不满意还可以将产品退回来，实际上成员一分钱不用花，就可以在社群里互动学习一年，有时还可以获得众多的资源与人脉。这样就可以建立一个真正的用户社群，从而又可以让我们得到更多的用户，这是我们“三个爸爸”发展的一个重要方向。

“牧羊人与羊群”模式

企业要想做好社群，就要把社群当成是产品经营，需要投入很大的精力。在经营社群的过程当中，企业不仅要发挥好社群中灵魂人物的作用，也要系统地考虑其他运营要素，就像牧场上有了羊群只是一小步，之后还需要系统的运营和设计。

“牧羊模型”是指把社群的构建和运营想象成一个牧羊场，根据我们的常识就能想象出每一个牧羊场都是由牧羊人、羊圈、羊群、牧场、牧草以及牧羊犬等各种元素构成的。放在社群中，“牧羊人”指的是社群中的核心人物、魅力联结者或者精神领袖，其作用是把社群中的成员都联系起来；“羊圈”指的是信仰组织体系，其作用是把大家圈起来，防止人员流失；“羊群”指的是用户

以及潜在用户；“牧场”指的是社交空间，即把羊群（用户）安置在哪里；“牧草”则指的是通过内容和社交，建立强关系；“牧羊犬”指的是社交客服以及铁杆“粉丝”，其作用是协助牧羊人运营，发现和培养骨干人员。

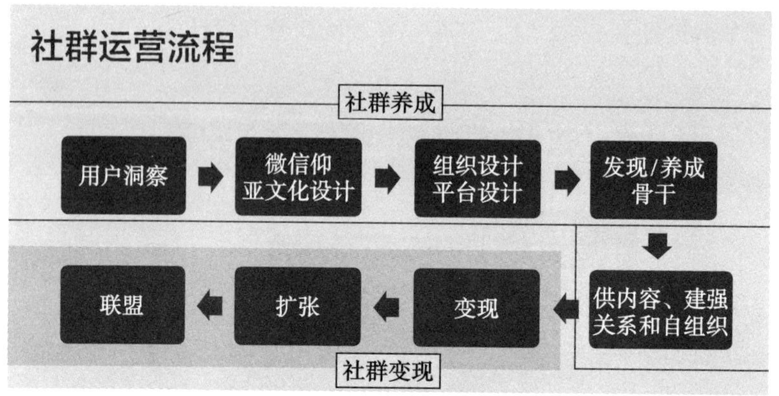

“社群养成”是企业在发展过程必须要做的功课，从上图中我们可以看到，“社群养成”的过程主要包括“用户洞察”“微信仰、亚文化设计”“组织设计和平台设计”“发现、养成骨干”“供内容、建强关系和自组织”等五个方面。

1.用户洞察

通过用户洞察，了解社群目标人群，包括需求、用户画像。

2.微信仰、亚文化设计

在用户洞察的基础上，对企业以及企业产品进行亚文化设计，包括生活态度、身份体系、仪式等。文化的作用在于让社群成员理解正确的价值观是什么，而通过构建亚文化，让用户参与到企业的活动中来，用户对企业就会格外地认同和亲近，即“参与感”。

3.组织设计和平台设计

社群如果仅仅是用户自组织形成的话，就会很容易失败，所以这就要求企业在构建社群的组织体系和平台时加入自己的设计和引导。

4.发现、养成骨干

社群需要灵魂人物示范引导，企业创始人是最好的灵魂人物，要当仁不让地出面站台。如今，企业仅仅有好的产品是远远不够的，还必须让用户知道产品是谁做的，加大用户对企业和产品的信任感。此外，除了创始人之外，在社群里，骨干或是核心人物也很重要。

5.供内容、建强关系和自组织

内容指的是社群的核心人物或者构建者要不断地向社群内部输入内容，要实现长久稳定的运营，不要期望完全由社群成员自己自发运营。社群必须是一个开放系统，要有输入输出，实现人、内容、利益的流动。只有这样，才能保证社群拥有旺盛的生命力。

找到你的社群理念

如果企业做的社群是用户群，那这个群是不会有活力的，用户群中有很多人进不来。所以一个社群在建立时首先要思考“我们是谁、我们为什么要在一起、我们有什么价值观、我们跟其他人有什么不同”这几个问题，这些对于一个社群来说非常重要。社群在价值观方面其实跟宗教很像，社群必须要有自己的价值观才能把人聚集在一起。那什么样的价值观能够把人聚在一起呢？

很多人都知道“一加手机”在发布它的新产品时，新产品有一个理念是不将就。因为我们中国人在生活中有很多将就，我们将就这将就那，像地沟油这些我们在将就，社会上的一些黑暗现象我们在将就，我们中国人已经对很多东西产生了将就感。所以“一加手机”当时提了一个“趁还年轻，我不将就”的口号和价值观，很多记者、消费者等都会被这个价值观所打动。其实当时“一加”应该建一个媒体记者的用户群，我不知道它建了没有，因为我没有看到相关的报道，但是它的这个纲领实际上已经打动了社会上的很多人。

再比如小米“米粉”的社群价值观叫“为发烧而生”，“罗辑思维”的价值观是“谈自由人的自由连接”“谈死磕精神”，尤其“死磕精神”是“罗辑思维”一直强调的，这样的纲领就会让参与社群的人觉得他跟其他人不一样。比如我看到很多“罗友”都会在他的微信介绍里面标明我是“罗辑思维”的第几号成员，都是那种交费的成员。他觉得作为一个“罗辑思维”的成员是值得骄傲的，他能够感觉到跟周围人不一样。因为在这个世界上很多人都已经不读书、不思考了，而作为“罗辑思维”的成员是有趣、有料的，都是去认真读书、认真思考这个世界的。

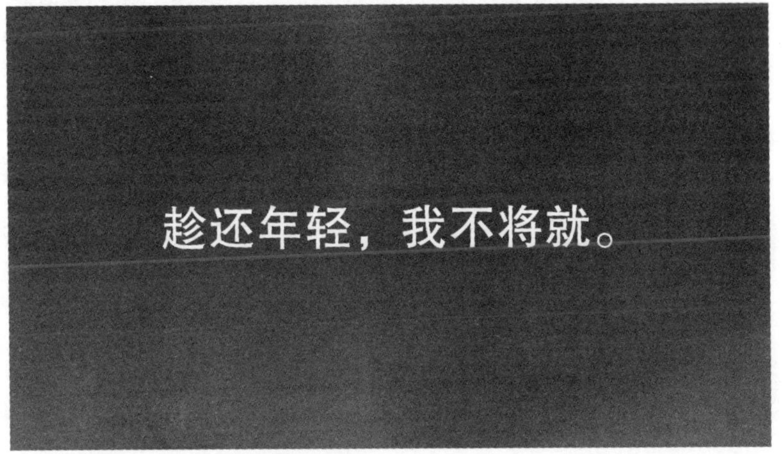

我们“三个爸爸”做的是“偏执狂爸妈”的概念，进我们群的都是偏执狂一样特别爱自己孩子的父母。我们会在群里分享很多东西，找到国外父母偏执爱孩子的产品，我也不卖给他们，而是告诉他们哪里有卖。我还分享很多偏执狂爸妈教育孩子的经验，分享很多偏执狂爸妈的故事，比如有的妈妈为了自己的孩子能够好好学习，把孩子的数学课本换成动漫的例子。总而言之就是我们有一个共同的纲领，有一个共同的价值观。“小米”则特别喜欢挑战别人、喜欢打仗。有的人认为玩品牌、玩社群其实就好比打仗。我们都知道以前传统国家内部有矛盾的时候，便开始对外打仗，这样内部就会团结，越是有战争，越是能够加强内部的凝聚力。

所以一个社群要有一个自己的纲领，这个纲领、这个价值观让大家觉得我成为社群成员就会跟别人不一样。我觉得这个是做好社群最核心的东西。如果社群没有这个东西，就算把人聚在一起社群也是完全松散的。我们看到很多泛人脉的社群看起来人很多，特别热闹，但是因为社群里每个人都不一样，社群没有一个宗旨，没有一个纲领，我进到这个社群并不觉得我跟别人有什么不一样，也不觉得我比别人档次高，如果这样的话就表明这个社群的凝聚力是非常欠缺的。

形成你的魅力联结

“粉丝”经济的特征是，偶像越厉害，“粉丝”就觉得越自豪。而社群的特征是，大家因为参与了这个社群而觉得自豪。从这个角度而言，在传播上，社群是去中心化的，只是在管理上是需要中心化的。一群人围在一个品牌的周围或者是一起来参加一个社群，那这个社群一定是有中心、有明星的，不管你是多中心还是单中心，你都必须要有明星。

社群的中心可能是这个社群的创始人，也可能是这个社群中的核心人物或者魅力联结者，如果放任一个社群自由存在而没有人维持的话，就会出现所有人都在争“老大”的局面，社群就会非常混乱。很多人在做微信社群的时候，一般一个群可能就只有一两个月的活跃度，到第三四个月基本就死掉了，因为里面的人会不断地加人从而开自己的小群，导致大群碎片化。几乎所有微信群都是这样的一个运行状态：出现一个群，然后有的人就在群里开始拉人，组成小团体，小群开始活跃起来以至于大家不再关注大群，慢慢地大群就会衰败掉，小群变成大群，当小群变成大群的时候就会出现另一轮拉人分化，总而言之，碎片化的趋势是一直存在的。

对于企业做社群来讲这个明星肯定就是企业明星，像周鸿祎做“360”的社群，肯定就是周鸿祎自己跳出来甚至里面有一个条件就是可以得到老周的亲自指导，这就是发挥企业明星的作用。我们也看到“小米”之所以能够成功是因为“小米”有个明星叫“雷布斯”，因为雷军爱学乔布斯，所以周鸿祎给他起了个外号叫“雷布斯”，但是“雷布斯”这个形象本身在互联网界的号召力就是一个明星。正是因为有这样的明星、这样的势能，才有了“小米”“红米”那么宏大的声势。

另外仅仅有企业的明星是不够的，你还要培育社群的魅力联结者，因为企业明星他可能是企业创始人，但是在社群里面如果你有更多的人能够展现企业的魅力最好。不管是企业的员工还是企业的用户，通过企业的培训，通过一些机制，把他们培育成魅力联结者。另外由于社群是有纲领、有价值观的，作为企业明星，就要做好自己的布道宣传，这个其实就跟宗教一样。牧师每周要讲道，布道实际上是一种洗脑，也是一种价值观的树立。树好企业的明星、做好企业的布道宣讲对于企业来说也至关重要。

如何把群友变成你的“粉丝”

做一个社群或者做好多个社群，如果仅仅只是放在那里对企业来说是没有任何价值的。我们现在看到很多群到处拉人，不管认不认识都把人拉进来，拉进群之后也就放在那，所以慢慢地大家就把这个群给关了，就算不退群也没有价值。所以社群必须要通过互动去建立强关系，从而把群友变成自己企业的“粉丝”。那么怎么去搞互动呢？互动的方法其实很多，我简单地介绍几个。

第一个是搞分享。你可以找一些热点主题，请一些大咖来做分享，每周进行一次分享，那么社群里爱学习的这群人都会来听；也可以由群里的人来分享，但是分享的内容则要经过筛选，可以讲营销的内容，也可以讲热点的主题。根据群的主旨，来分享相应的东西，例如母婴群就讲怎么育儿。我曾经在一个移动母婴群里听到几个妈妈在讲她们怎么给孩子防感冒的经验，那几个妈妈都不是学医的，都是普通的草根妈妈，讲的东西却比医生讲的有用多了，医生讲的都是理论性知识，而草根妈妈讲的则比较接近生活，其实参与化的分享能够把社群搞活搞热。

第二个是搞轮值。每周你在社群里确定一个主题，每周从社群成员里选一个轮值主席，轮值主席不是社群的群主就是企业的员工或者用户，这个主题确定了之后，他根据他的心绪来设计主题，或者可以每周竞争轮值主席。比如说有几个人都想当这周的主持人，那你们来PK，这样就会把这个社群变成不仅仅只是主办方的社群，而是大家都在参与的社群。

第三个是选举。比如我上文提到的“蚂蚁部落”选皇后这些方式，这类型的方式是非常有创意的，同时也是非常必要的。

第四个是建仪式。建仪式就要设计社群的符号、节日和场景，我们发现做社群的人都特别爱拍照，而且基本上都会拿个旗子，见到有名的人就会跟他拍照。他为什么要这么做呢？其实这么做也是一种强互动，也是一种扩张社群本身影响力的办法，这就是建仪式。

第五个是做任务。经常在社群里发布一些任务，同时企业拿出一定的利益，用户如果完成是可以得到奖励的，或者拿出一些企业碰到的问题，通过发布和完成让用户真正参与到企业的运作中来，那么用户跟企业的情感也会随着参与越来越深。

我就在社群里发布过很多任务，让成员对我们“三个爸爸”的产品提建议，而且我每周在群里分享完东西后都会留作业，也不是所有人都做，虽然群里有300人，但是每次也只有30多个人会去做。很多人不做作业，但是这并不代表他们不会去看作业。我们有个公众号，每次我们都会把作业放到公众号上去，点击率每次都是100~200以上，这就说明成员们会去看作业，只是可能有时没有时间做作业。通过发布、完成、奖励等手段，让成员们对产品提出意见，奖励为1000元。经过一段时间后我感觉我们与成员之间关系特别好，特别亲密。并且事实上，成员们给我们提出的建议，价值远远超过我们给他们的奖励。

第六个是贪嗔痴。其实社群就是一个小江湖，它也是一群人聚在一起，那么这群人聚在一起就会有关系，就会有亲疏，所以我们经常看到社群里有一些师徒结拜之类的现象。为什么社群需要师徒关系这种东西呢？实际上是因为社群原来的组合是松散的，大家可能彼此之间都没有任何关系，所以通过结拜，比如师徒结拜、兄弟结拜等强关系形成节点。一个社群要想理想化和完善化，它应该由一些强节点带动很多弱节点，而强节点之间的关系就可以通过结拜这些半游戏的方式形成。其实并不是真正的结拜，但是会把这个社群结构变得更强。我有一个朋友是深圳的一个知名女企业家，她的资产已经数千万甚至上亿，有一天我看到她在群发消息要求别人给她点赞，目的是为了得到一台大可乐手机。我感觉到特别奇怪就问她："你这么有钱，为了一台手机犯得着吗？"她说："你不知道，我在我们群里参加集赞活动，我排名第八，我一定要排到第二。"这就是我说的"痴"，其实这些东西还是为了加强连接，因为很多群是没有中心的，为了加强关系，这就是一种非常有效的方式。

第七个是培育服从。我看到在很多群里，当群主说一句话的时候后面的人都会无条件地去转，比如当群主发了一个祝某某某生日快乐，后面有很多人都在跟风，也在说祝某某某生日快乐，这就表示这个群的凝聚力非常强。不断地让人去跟风其实就是不断地培养一种服从的习惯，当群主的一句话被大家转很多遍的时候，就表明以后当他发布一个任务后大家都会去做任务，他发布一个信息后大家都会听他的，所以慢慢去培养服从也是一种在社群里互动的方法。

当企业想要做社群的时候，必须亲自设计互动的方法，如果没有互动，社群里的人也不会变成企业的"粉丝"，那么这个社群就没有丝毫活力和意义。

社群的几种主流玩法

现在社会上的社群比比皆是，基本上大部分的企业都已经开始重视社群对于企业的重要性，所以各种依靠企业文化以及企业形态的社群如雨后春笋般地冒了出来。但是从根本上来说，所有的社群都可以大致归分为以下几种类型，而这些也正是社群的几种主流玩法。

1.产品型社群

“中欧创业”的李善友教授有一个创见叫作产品型社群，并且还专门为这个概念写了一本书。简单点说，所谓的产品型社群是指企业通过产品和品牌来聚集“粉丝”，“粉丝”参与到产品的改进和品牌建设中来，也就是说“粉丝”对于企业来说其实是和员工一样的，他会帮企业做很多事情，而且传播时更多的并不是靠广告，而是通过“粉丝”的力量去传播给大众。这样最终就会形成一个产品型的社群，用户聚集在社群里面，这个社群是以企业的产品来作为主线但是不限于企业的产品，最终品牌不只是归企业一方所有，而是企业和“粉丝”所共有。

产品社群是一个非常新的概念，其核心点在于“功能”和“需求”的持续性连接，现在很多互联网公司，包括我们“三个爸爸”都在全力尝试做这样的一个社群。中国现在在这方面并没有非常成功的案例，我们都在摸索，因为我们都认为这是一个发展方向。如果企业的品牌变成用户和企业所共有，用户拥有了对于品牌的权利，他们就会帮着企业把产品做好，就会帮企业将品牌传播给更多不知道的人。这相当于企业拥有了非常多的大众股东，企业的产品就会有更强的生命力，所以产品社群是现在所有移动互联网创业公司都想要做到的一种非常好的商业模式。

我觉得这是一个很好的发展方向，所以我们下一步就准备做产品社群，真正把李善友教授的概念变成实际。因为这个时代已经有了这些变化，而这些变化对创业企业来说又是一件大好的事情，因为我们能够用新的方式去做事情。一些传统的企业如果不能醒悟，不能顺应时代潮流，很快就会被新的企业所取代。在现代社会中，就某一行业而言，如果你是第一个进行移动互联网转型的企业，那你的企业将会是这个行业里的翘楚。因为很多传统行业的企业完全不知道移动互联网到底是什么，他们也听说过互联网+，并且知道这种模式很好，但是却完全不知道一个企业怎么向移动互联网转型，这个对于很多创业者来说是一个机会，甚至对于传统行业哪怕小企业来说，都有非常重要的价值。因为这个时代就是一个小企业只要抓住机会就可能迅速变成大企业的时代。

“小米”的社群形态是产品+社群+“粉丝”，产品是支撑整个社群存在的基础；社群是入驻商户，第一批忠实“粉丝”，也是整个社群运转的核心参与者；“粉丝”是来往的人流，是社群生态实现交易闭环的关键。从“米1”到“米4”、青春版，红米、红米note，电视、平板、盒子、路由器、充电宝，等等，“小米”的整个产品线覆盖面比较广，而且还在不断扩展延伸。理论上，只要有用户“需求”，“小米”的产品线上就会有匹配的产品出现。

“小米”的“粉丝”社群模式，本质上让用户感受到了服务，社群的定位为屌丝用户，而且用户都是很被动地被“小米”的宣传和服务所影响。“小米”的“粉丝”社群在肉体上让用户感觉到满足是打造了用户的参与感，让用户在手机的性价比方面买得起手机，并且手机的配置相对较好；同时让用户感知到“小米”是尊重他们的，这点体现在“小米”的快速客服和快速迭代产品方面，让用户的反馈能够真正地成为正能量和加速剂。而在精神上的满足则是打造了用户的优越感，通过“发烧友”概念，抢F码和跑分的酷炫科技感，让用户真正地感受到了拥有小米手机的优越感。“小米”的“粉丝”社群模式在建立之初具有很强的战斗力，为小米手机取得巨大成就起到了重要的作用。

2.情怀型社群

情怀型社群的核心点在于“魅力人格”和“情感寄托”的持续性连接，人们根据品牌偏好会形成不同的小圈子、不同的社群。“罗辑思维”社群是这类型社群的典型。

“罗辑思维”的成功与它独特的社群运营模式相关。它采用娱乐节目的玩法，“罗振宇们”都是讲故事的高手，他们深知这个社会最缺少的就是简短而具备话题属性的内容，而且99.99%的中国人骨子里都很压抑，所以他们提出了鲜明的社群价值主张：有种、有趣、有料。在互联网媒体中开辟出一条新路毫无疑问是个异端，但是却正是因为他的不同凡响，才使得“罗胖”这个魅力人格体能够吸引百万级别的用户，形成一个气味相投、互相信任的社群。

“罗辑思维”的社群模式，本质上是让用户尝试着去思考，社群定位也是白领用户，这一点就注定了用户基本上是主动参与其中的。“罗辑思维”的社群在肉体上给用户的满足也依然是参与感的打造，在学习知识方面，除了长期提供给用户“高大上”与“然并卵”的逻辑思维外，有时也会有一些接地气的生活知识传递。精神层面上的满足依然是人性的优越感的打造，因为是白领人群，所以符合白领特征的就会被提炼出来。比如用户会为精神上的匮乏而寻找一个希望的寄托，因忙碌而找一个偷懒的理由，希望自己也会成为一个逻辑大师，让自己试着去思考一些问题。

其实“罗辑思维”的社群与“小米”的社群相比已经进化了许多，因为“罗辑思维”的社群是以占领用户的心智为基础的，属于情怀型的社群，因此群成员更具备忠诚性。

3.结构型社群

结构型社群的核心点在于社群成员人与人之间的持续性连接，结构型社群还可细分为知识型社群和关系型社群。知识型社群，比如李善友的颠覆式创新研习社，关系型社群以正和岛、黑马会之类的企业家精英社群为典范。

“创业家”黑马社群模式，本质上是让用户之间深度合作，甚至用户之间可以产生更深层的交易关系。社群的定位是精英用户，都是创业者，正是因为从圈子到信仰基本上都是非常相似的，所以黑马社群的用户都是自发地发起和参与社群的活动，这点要比“罗辑思维”社群更具有主人翁的精神。在精神层面上“黑马社群”也是致力于用户优越感的打造，“黑马社群”是草根创业者的孵化加速器，以创始人群体的需求为核心，打造一个集学习成长、融资路演、推广咨询等服务为一体的创业服务生态圈。

在这种模式里，像“黑马社群”就出现了社群用户自发发起的合作圈子，成为社群的子社群，当社群拥有更多的子社群(小圈子)的时候，一般而言这种社群的生命力都是非常旺盛的。

建立你的“粉丝金字塔”

因为社群一定要有一个等级体系，有“铁粉”、骨干和普通成员等，所以铁粉和骨干就要有不同的权益，就要围绕铁粉和骨干赋予他们不同的成就感。在社群里，不管你在线下是多么厉害的一个人，只要你对社群的贡献小你在社群里的地位就会很低，只有通过这种方式形成的体系才会驱动“铁粉”去主动传播，从而促使“铁粉”变成“种子”。通过这些“种子”，通过你的用户升级体系，“铁粉”才会愿意去帮你传播。

所以我们讲在做“粉丝”经济、做社群经济的时候一定要有个金字塔的体系，一定要保证核心“粉丝”的特权地位。因为只有当拥有核心“粉丝”时社群才有基础。如果一个社群里的群友们都是同权同等的参与，那么这个社群一定无法维持三个月。一个社群想做好就必须要有一群核心“粉丝”，并且他们有极高的参与度。他们通过自组织把整个社群的活动做得非常活跃和火爆，这些核心“粉丝”在社群里待的时间会更长，比普通的群友要长很多。而且核心“粉丝”的组织结构和稳定性决定了社群本身的活力，只要你有了核心“粉丝”就相当于社群拥有了一副骨架，所以你不必担心有的人来有的人出，不必怕社群不断地在“换血”，因为有了骨架社群自然就有了活跃度。

社群的复制方法

社群的复制一般都采用裂变的方式来完成，搞裂变就是当企业做好一个社群之后，其实需要企业去构建自己的社群圈，因为企业的管理毕竟有限。比如说你同时做了五个社群，差不多就有 2500 个人，如果你想把它变成商业模式，你肯定就希望你的社群里有 250 万人，这就叫社群圈。那怎么才能去构建一个社群圈呢？

首先你要驱动你的自组织机制，要让你的用户自己组织起来，你要发现、培养和复制魅力联结者，也就是你要把你的骨干培养成新的群主，让他们自己按照你的价值观，按照你的方式去重新建立一个社群，社群建立后由他们自己来管理，你是总群，他是分群。当社群发展到这一步的时候就需要建立一个机制，这个机制包括总群跟分群之间是一种什么样的关系、采用什么样的管理方法、两者之间输出什么样的利益、收回什么样的利益、怎么控制和分配等，这个机制对于社群来说非常重要。当你做了一个非常好的社群的时候，你就要为社群的复制去做好整个培养体系。

由于社群的核心是情感归宿和价值认同，那么社群越大，情感分裂的可能性就越大，能够做到规模巨大还能情感趋同，好像只有宗教了。所以这两者的最佳边界就很重要。

一个社群如果能够复制多个平行社群，就会形成巨大的规模，企业在真正做出此举之前，请先回答三个问题：第一，是否已经构建好自组织？要考虑是否具备充足的人力、财力、物力。不能过于围绕中心展开，但也不能完全缺乏组织。第二，是否已经组建了核心群？要有自己一定量的核心小伙伴，他们可以作为社群的种子用户加入，引导社群往良性的方向发展。第三，是否已经形成了亚文化？要形成一种群体沟通的亚文化，比如大家聊天的语气、表情是否风格一致，这都是社群生命力的核心。

2012 年 12 月 21 日，传说中的“世界末日”那一天，“罗辑思维”出现在了大众视野之中。当天，同名微信公众账号开通运营，第一期视频也同时上线。主讲人罗振宇开始推出每天早上 6 点半的 60 秒音频和每周一更新的视频节目。其口号是“有种、有趣、有料”，倡导独立、理性的思考，推崇自由主义与互联网思维，并由一款互联网自媒体视频产品，逐渐延伸成长为互联网社群品牌，致力于打造一个有灵魂的知识社群，一帮自由人的自由联合。

在两年多的时间里，“罗辑思维”拥有了近400万的微信订阅用户，视频点击量超过2亿，考验“真爱”的限时、限量的会员招募也轻松收入过千万元，集微信公众订阅号、知识类脱口秀视频及音频、会员体系、微商城、百度贴吧、微信群等具体互动形式于一体，主要服务于“80后”和“90后”有“爱智求真”强烈需求的群体，成为目前影响力最大的互联网知识社群。

如果企业能够把这八招结合在一起并且灵活运用，那么企业就能做一个非常好的社群，就能让社群对企业的经营、对商业的价值起到一个非常强的支撑作用。同时，社群也是非常容易变现的，我上文中提到微商其实是个人的，它并不是一个社群本身的变现。社群中有几种是非常容易变现的，一个是产品社群，因为它本来就是企业依托产品的维度建立起来的社群，不管是对于用户还是潜在用户而言，实际上企业只要通过发放利益，就可以让用户帮忙传播和研发，就可以做到一个产品社群。另外就是关系很融洽的社群，在这种社群里面有很多强关系节点，企业就可以来做众筹，通过众筹的方式让社群的价值实现变现。

社群的管理与激励

做任何事情都必须要有规矩，所以很多社群在一开始就会建立“铁血群规”。铁血群规就是成员只要违反就直接被踢或者是关黑屋，我看到做得好的群全都是规矩特别严格的，做得不好的群全都是规矩很松散的。

比如一个叫“一天萌”的群，这个群里有一个规定是如果没有经过群主认可就发广告的成员，对其惩罚是关七天小黑屋。这个规则其实定得挺无情的，因为正好有一天我在群里看到有个人发了一个既像广告又不是广告的信息，结果大家一致认为他应该关七天小黑屋，在群里被踢出去七天。其实我觉得他的行为不至于要被关七天的小黑屋，但是这么做了之后这个社群的管理就会做得非常好，成员也都很守规矩。而且建立一致的行动机制，当群的组织者说什么的时候，他们都会跟着，当发生一些比如外部威胁的时候，他们就会一致对外。这个我觉得是非常关键的，如果不是这样这个社群就没有凝聚力。所以企业在社群里还是需要有几个铁杆“粉丝”，“铁杆粉丝”是来支持企业的整个行动的，要不然企业对于社群完全没有控制力，这个社群对企业来说就没有价值。一个社群实际上是一种高效率的协同工具，所以企业要培养出用户成员高效率协同的习惯。

社群的创立者或者社群里的核心人物经常会通过一系列手段聚集并促进用户的活跃度，使他们与产品产生更为频繁的交集。社群是让用户持续高频黏住产品的手段，所以社群在建立之初就要符合用户的各种需求。管理者们要分析出产品用户的需求，并挑选一些延伸社群的方向，社群的制度以及用户权益由管理人员制订，并提供一些物质上的支持。对于社群的激励体系，也需要社群管理者进行一系列的规划。无论是社群的管理人员还是行业之中的意见领袖，以及普通的社群成员，都应该在社群中体现出自己的价值，所以如何建立一个激励体系非常重要。在这个体系下，用户根据指定的规则在社群里交流、互动，从而促进社群中的每一个成员都积极地互动，保证社群的活力。

社群的商业价值：用户参与研发

随着市场的动态变化和消费者需求的日益多样化，产品创新作为企业的生命线，对企业建立和保持自身的竞争优势具有重要作用。在互联网时代下，用户思维正在被越来越多的企业所重视和接受，仅仅依靠企业内部的有限资源进行产品创新显然是不够的，还应该充分发挥用户在产品创新过程中的作用。用户参与研发，是指用户参与到产品的各个方面中来。

除了处理投诉和了解口碑之外，企业还需要让用户有更多的参与感，让用户参与到产品研发的各个环节中。现在社会都在讲产品型，企业需要用户对产品有更多的了解，需要用户来参与研发产品，并且通过这种参与跟用户建立更多的情感联系。企业跟用户的互动越深，就能跟用户建立越强的关系，促使用户购买产品，将只是弱关系的用户变成强关系的“粉丝”。参与感是用户思维最重要的体现，“小米”创始人雷军认为“小米”销售的是参与感，这才是“小米”成功背后的真正秘密。这种C2B模式是电子商务未来发展的一个方向，很多知名企业正是顺应了用户的这一诉求，有效利用微博、微信等网络社交工具，在激烈的市场竞争中占据了一席之地。但是如何才能激发用户的参与热情，这就需要企业建立相应的激励措施来激励用户在产品的创新过程中更好地提供自己的知识和需求。

社群的商业价值：众筹你的新项目

社群实际上就是移动互联网带来的商业模式的创新，那么传统企业应该怎么做呢？很简单，首先企业要招募自己的社群，传播企业的文化和信息，信息传播出去以后，再将企业的创始人变成明星，建立企业的分支体系。为了让社群保持强的互动，社群管理者或者企业可以在社群里发送一些任务，这些任务可以跟企业有关，也可以跟企业无关，这并不重要，重要的是一定要通过这些任务来保持社群的强互动，慢慢潜移默化地渗透进去。当企业打下基础之后，可以通过众筹跟他们建立起更强的关系。众筹往往是股份合作的关系，这种方式也可以把用户变现、引爆。如果企业的一个项目筹集到足够多的代理商，甚至员工、用户，那么这个项目就一定会成功，没有任何失败的可能性。

众筹并不是单纯的筹钱行为，更重要的在于筹人、筹智和筹力。一旦有合适的众筹项目出现，首先需要筹集一群志同道合、具有共同价值判断并且优势互补的人。这些人聚集在一起展开头脑风暴，共同评估项目的可行性，商讨可能出现的各种问题，针对这些提前做好预备方案；做好预案之后，再依照每个人的特长分配相应的任务，做到各司其职，确保各个岗位都有人坚守；做完这些之后，就可以启动项目，评估启动资金，积聚大家的力量筹集资金。

一个项目参与的人越多，就会发出更多不同的声音，而且对于回馈的期望值也就越高，这样一来，项目背负的股东压力也就越大，从而导致失败的可能性也就越大，如果只是由一个稳定的小规模的社群来运营，问题就会少很多。所以说，众筹应该是一种有边界的运营模式，例如股权众筹就应该是由一个稳固的社群支撑的、局部、小范围、熟人之间的合伙行为，而不应当借助互联网的无边界无限扩大。

若要增加众筹项目成功的可能性，这样的社群就必须全部由精英成员组成，例如有资金盈余的投资者、有认知盈余的知识分子、有充足经验的创业者等，所有成员必须在某个方向上有一定的基础，彼此之间有深入的了解，相互信任。在开始一个新的项目时，大家能够迅速做好自己的角色定位，彼此之间合理分工，互相协作，筹智、筹力、筹钱，确保项目正常推进。

在精英社群的基础之上，社群成员有了合适的创业项目就可以在众筹平台发起众筹，既有助于维持社群黏性，又能进行一次同心协力的合伙协作。从这个意义上来说，每一个众筹项目都可以看作是社群自我压榨、反刍、消化和沉淀价值的试验，通过一个个众筹项目，最大限度地让社群成员进行各自的价值匹配，增进彼此之间的人际关系，分享经验，共同提高。如果放在游戏当中，整个社群就像一个游戏战队，成员在游戏过程中彼此切磋、磨合，同时提升各自的经验值，失败了之后还能重新开始，而如果没有社群这一基础，一次众筹项目失败之后，大家就都散伙了。所以说，众筹是精英社群的合伙游戏，社群赋予众筹的未来，就是让社群成员不断进行贡献，从而输出多元化的价值。

4.3 做好众筹：为企业筹一个光明的未来

什么是众筹

众筹并不是什么新鲜事物，历史上可考察的最早的众筹项目，是 1884 年的自由女神像众筹项目。

19 世纪时，美国收到了法国盟友送来的礼物——一尊自由女神像，想把它放在金融中心城市纽约的港口。但是要安置这尊自由女神像，需要制作自由女神像的底座。为了获得制作自由女神像底座所需的费用，当时的纽约市长格罗弗 · 克利夫兰先生与众多的官员经过深入探讨后，最后决定采用群众集资的方式解决自由女神像的底座资金问题，使自由女神像得以安置。1884 年，纽约市长把此事交给了当时著名的新闻家约瑟夫 · 普利策。约瑟夫 · 普利策把自由女神像群众集资的消息发布在报纸上，这是当时最流行的、大众最常用的交流工具。约瑟夫·普利策通过《纽约世界报》发放了自由女神像的群众集资宣传单，并大力鼓励纽约市民为自由女神像的底座捐款，来共建美丽的纽约市。自由女神像众筹项目启动六个月，受到了美国群众的广泛关注和支持，其中 12.5 万人捐款资助，这些捐款的人中包括商业大亨、普通民众、贫民，他们为了纽约的形象，都愿意奉献自己的一点力量，终于筹集了 100091 美元，折算成今天的市值大约 220 万美元。于是自由女神像得以顺利地安置于纽约的港口，成了纽约市的标志物。

自由女神像众筹项目的运行成功，让人们看到了“众人拾柴火焰高”的众筹力量。自由女神像众筹项目虽然是历史，但是这种项目运营模式，对互联网浪潮中的商业项目有很高的参考意义。自由女神像众筹项目的成功，激励着美国商业人士积极建设众筹平台，推动了美国众筹的发展。

早在十几年前的美国，众筹就已经开始变成一种商业模式并逐渐在全球风靡。直到奥巴马在 2012 年签署了《创业企业扶助法》后，众筹在美国更是获得了飞速发展，并最终推广到了全世界。众筹允许所有人为商业创新、生意机会以及一项公益事业提供资金，让所有人都有“有所作为”的机会，如此一来，就给社会发展注入了些许活力；同时，它允许社会各个阶层全力扶持能够带动就业的新企业，同时还为这些企业提供了可以筹措资金的新渠道。

众筹商业模式能够高效率地将社会上闲置的资金聚集起来，能盘活大众手中的闲置资金；众筹商业模式能使个人手中的好创意产生商业价值，变成产品。众筹模式的成功，会让大众投资者享受到众筹带来的商业财富、分享众筹红利，还能促进互联网金融业的繁荣，促进经济的健康发展。

众筹颠覆了传统的融资方式，开创了互联网金融的融资模式，促进了金融业的变革。众筹的出现打破了大企业独享金融服务的格局，让普通大众多了一个融资的渠道。可以预测，众筹将是互联网金融浪潮中的弄潮儿，会进一步促使金融资源合理配置，促使金融资源趋于民主化。

一般来说，参与众筹、发起众筹的都是很多有创意但是缺乏初始启动资金的个人和小微企业，众筹这个平台是一种全新的商业模式，它也让很多想创业的人能够获得自己的资金、获得自己的天使用户。“京东”众筹到现在有很多成功的项目，包括像“三个爸爸”儿童专用净化器就是“京东”众筹中第一个千万级的产品众筹项目，也是全中国第一个千万级的产品众筹项目。当然后来这个纪录很快就被人打破了，“小牛电动车”在2015年的“京东”众筹上创造了一个新的纪录，30天内筹到了7000万。“小牛电动车”是一个锂电池技术比较领先的电动车产品，设计也非常的互联网化，并且它的创始人也比较有名。这样的新产品，这样有意思的项目也把众筹的成绩带上了一个新的台阶。

众筹能带来什么

1.筹圈子

说起“圈子”这一概念，相信大家都比较熟悉，“圈子”事实上就是“物以类聚，人以群分”之意。比如数码产品发烧友可以选择加入“数码圈子”，汽车发烧友可以选择加入“汽车圈子”，一些喜欢饮酒的人可以选择加入“品酒的圈子”。

大多数圈子实际上是通过人们之间的社会行为特征水到渠成的，例如“IT圈子”“社交圈子”“演艺圈子”等等。而这种圈子事实上就是对人群进行了一次分类划分，就是指分众模式。从众筹融资的角度而言，这样就比较容易形成一个定向准确的推广人群，拉这些人加入众筹项目，变成投资者或跟投人。

2.筹通路

众筹的产生，主要是由于初创企业融资比较困难，或没有能力负担正规渠道高额的融资成本，退而求其次地寻求新的融资渠道。而基于互联网的众筹平台，把筹资者和投资人直接连通，使筹资人得以快速地筹集到自己想要的资金。所以说，众筹实际上也是产业融资的通路。

在众筹融资模式下，每个投资人仅仅需要投入极少量的资金，并且不需要银行或承销商等中介机构的干涉，极为方便快捷。有人甚至认为，在互联网对经济社会生活进一步渗透的情况下，众筹很有可能会对传统证券投资行业的业务也构成巨大冲击。

3.筹未来

从全球范围来看，数量众多的众筹平台正在运行或者准备运行。北美和欧洲是众筹平台发展最快的两个地区，从调查结果看，84.6%的众筹平台分布在这两个区域；亚洲和南美洲分别拥有全球6.7%和4.3%的众筹平台；大洋洲占了2.4%；非洲占了1.9%。

已经启动或打算运营的众筹平台数量可以反映这个地区众筹市场的成熟程度。北美(包括美国和加拿大)是一个较为年轻的市场，因为众筹经济回报的法律规范和框架还在等待最后的裁决，因此，在这块区域上，众多的众筹平台正在启动。对于欧洲和大洋洲市场而言，由于众筹的法律规范已经明确，所以新的众筹网站只能依赖自身的竞争优势进入这个市场。对于亚洲、南美洲、非洲而言，这种法律规范的不确定性也限制了新众筹平台的发展。

从整体上看，未来的众筹市场会变得更加灵活多样。项目发起人可以从众多的众筹平台中做出合理的选择。

所谓众筹，筹的不过是一个光明的未来。众筹不应当只是一个短暂、时髦的概念，而是一种科技和社会相结合产生的新思维，让我们大胆用一种颠覆性的方式来支持彼此。各种各样的通信工具早已很好地向我们演示了它们的重要性，它们让我们与朋友更好地保持联系，更快地结识新朋友，或者与完全陌生的人毫无障碍地进行闲聊。

公开交流变得更容易，并且人们之间不需要正式的介绍就能相互认识，跟他人分享自己的想法也更加容易，这种分享为众筹的流行奠定了重要的基础。众筹通过对社会资本的聚集来提供解决问题所需要的财政支持，将社会的闲散资金充分利用，这种基于众人参与的模式能更好地服务于现代社会。另外，合理的运作让社会资本的使用效率达到最大化，从而创造新的价值。因此，可以说这种基于大众并回馈大众的众筹模式未来的发展潜力是非常巨大的。

4.筹智慧

资金、圈子、通路不过是众筹的开始。现代众筹的首个核心就是以人为本，这个圈子有必要具备共同的价值观，相互摩擦、相互借力，实现最终的共赢、互生。第二个核心是筹到相比自己而言更加厉害的人。通过大家的群策群力，将一个好项目、一个好模式真正运作起来。

所以众筹对于发起者、创业者甚至参与者来说都有着非常重要的作用和意义，可以帮助创业者实现自己的创业梦想。众筹对于创业者来说有六个重要的价值，有时甚至有着至关重要的作用。

第一，可以帮企业找到第一批“粉丝”级用户。一般来说，通过传统的方式，通过市场销售的方式企业是很难找到精准的消费人群的，而在众筹这个平台上积累了非常多的喜欢尝试新鲜事物的“极客”，这群人是对某些产品更了解同时也是最容易参与众筹支持你梦想的人，所以通过众筹你就可以找到一批“天使”级的“粉丝”用户。

第二，众筹是一个市场反馈的机制，在众筹的过程中其实企业也在跟用户沟通，企业会知道用户需要什么，会知道企业项目设计的这些点是不是用户所需要的，也许你的产品主卖点用户不喜欢，也许一个辅助的卖点恰恰却是用户认为最重要的点。

第三，企业通过做众筹能够获取媒体和用户的关注度。其实我们“三个爸爸”一开始在做众筹之前，我是不知道众筹这个模式的，之所以做众筹也是想在产品没有上市之前就能够获得更多的公关传播和媒体关注。

第四，能够获得早期数据。通过众筹，企业能够获得用户对于产品的需求，对企业的量产可以提供依据，降低风险。

第五，往往这些众筹平台都提供全生态链的服务，如果企业的项目确实很好的话，甚至众筹之后的销售平台企业都可以从中找到。

第六，创业指导。众筹实际上也是一个创业传播的学习过程，参与完一个众筹项目之后创业者往往对创业应该做的产品的调整迭代，包括对宣传、卖点、总结、与用户沟通等整个系统都有了一个非常清晰的认识和理解，所以它也是非常有价值的。

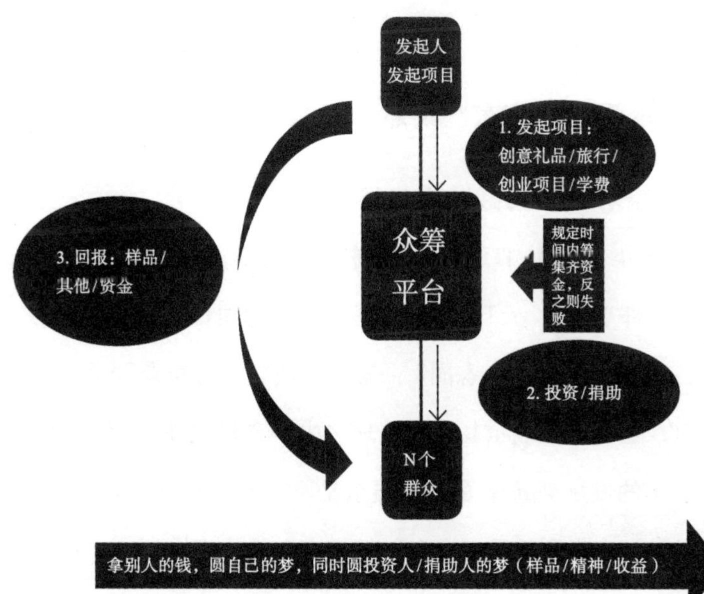

众筹对于参与者也是有价值的，参与者首先能够第一时间获得奇特的产品，像我有时候通过众筹买的东西都是市面上看不到的、很新的东西，包括智能奶瓶等这些东西，都是原来市场上没

有的；其次，它是一个意见领袖的天地，就是你可以在里面发表你对产品的意见，而如果你发表的意见很中肯，是意见领袖的话你还可以跟项目团队直接沟通产品的细节；第三个就是参与感。因为众筹讲的是支持梦想，一个创业者虽然有很好的梦想，他想做出好的产品，但是没有启动资金，那你现在花钱去支持他，等他做出来产品后再以成本价将产品回馈给你，通过这样的一个方式让大家参与到一种感性的事件中来。赠人玫瑰，手有余香。

明星众筹平台："京东"众筹

1. "京东"众筹的兴起与发展

2015 年 3 月 31 日下午，"京东"在北京召开发布会，并对外宣布了三件事：第一,"京东"金融股权众筹项目正式上线；第二，开始打造"京东创业生态圈"；第三，成立"京东众创学院"。消息一出，业内人士表示其在"情理之中，意料之外"，因为从"京东"多年的发展轨迹来看，刘强东是不可能放过众筹这个香饽饽的，只是没有想到的是"京东"的速度会如此之快。

众筹作为互联网金融的一种新兴模式，一进入中国便得到了广泛关注，并迅速被贴上了团购、预售的标签，但是"京东"众筹的定位并不是预售，而是还原"众筹是实现彼此梦想"的本质。除了这些，股权众筹是"京东"众筹的重要项目之一。“京东”股权众筹借助自身的金融平台优势，采用了“领投+跟投”的模式，在众筹过程中“京东”会安排一位经验丰富的专业投资人做领投人，然后让其他投资者进行跟投。跟投人要把跟投得来的20％的收益分享给领投人。

同时“京东”将众筹模式分成了两个阶段，第一阶段是路演，也就是项目征集；第二个阶段是资金募集。这两个阶段完成之后，“京东”就会做出投后管理，在融资的每个阶段设置对应的股权结构和配套的推出机制。

“京东”对投资者的要求非常高，“京东”设定了四个条件：第一，年收入不低于30万元；第二，金融机构专业人上；第三，资产达到100万元以上；第四，专业VC。达到四个条件之一的用户才能成为投资者。同时，除了“京东”用户和商家外，“京东”还要对投资者进行电话、邮件的实名审核。“京东”之所以对投资人进行门槛设置，是对风控的考虑，选择抗风险能力较强、有资金实力做长期投资的投资人有利于股权众筹平台资金的稳定，同时也让投资数额与项目进度保持相对的平衡状态。

“京东”的另一大项目就是“凑份子”，用户可以通过该项目参与“京东”众筹项目的生产、定价等环节，这也算是“京东”金融的第五大版块。“凑份子”首期推出的项目有12个，其中有

7个智能硬件，5个流行文化项目。这些项目的共同特点就是新奇好玩，如可随意控制颜色、亮度甚至配有蓝牙开关的灯泡，汪峰鸟巢演唱会，以及《小时代3：刺金时代》众筹项目等。

“凑份子”的参与方式是认购，比如《小时代3：刺金时代》众筹项目，该项目的认购金额从49元、69元到89元不等，可以得到的众筹回报是7月17日《小时代3：刺金时代》电影票以及限量版T恤。

“京东凑份子”与其他众筹平台最大的不同就是将电商放在了众筹的前面，把单纯的销售平台变成从创意到量产的孵化平台，颠覆了传统的电商模式。

2.“京东”众筹的优势与风险

“京东”做众筹的优势非常明显，首先是强覆盖，“京东”可以为高人气的品牌聚集人气，既能让大部分用户所熟知，也能吸引到较高质量的筹资人和出资人。其次，信任度十足，“京东”的大数据能力可以帮助投资人鉴别项目、控制风险。最后，在“京东”大平台的背景支持下，可以让众筹与孵化融为一体，在众筹项目发展的整个过程中给予扶持。

“京东”众筹的风险也不小，例如股权众筹项目的风险就有两个方面：一方面，项目本身的质量问题以及创业团队的稳定性问题，这个团队是否是一个可持续发展的团队；另一方面，众筹中投资人是否具备良好的契约精神，大多数的创业公司在发展初期都处于波折期，很容易发生股权纠纷的问题。

“京东”众筹可算是众筹行业的新贵，有“京东”平台这个大背景的支持，“京东”众筹未来的发展道路势必非常光明。

成功做好众筹的三大秘诀

大家都知道我们“三个爸爸”是第一个完成的千万级的众筹，所以我们总结了三个参加众筹的秘诀，通过秘诀来参加众筹有时会得到事半功倍的效果：第一个秘诀是痛点被满足，产品要尖叫。如果企业想成功众筹，那就必须找到消费者的痛点，也许它不是所有消费者的痛点，它可以是小撮用户群的一个痛点，企业就针对这个用户群来满足痛点，将产品做出让人尖叫的效果。

第二个秘诀是故事加情怀，进行社会化传播。众筹是让别人支持你的梦想，让陌生人支持你的梦想。一个跟你没有强关系的陌生人凭什么支持你呢？所以你必须打动他，但是光从产品层面是不够的，你还要从情感的层面去打动他。此外你还要学会做好社会化的传播，因为众筹基本上不会通过广告去传播，更多的是通过你的信息、你的故事、你的情怀让用户之间进行自动的、病毒性的传播。

第三个秘诀是设计参与感，打造“粉丝”经济。众筹是让陌生人来参与、支持你的梦想，那他为什么要参与呢？为什么要来买呢？为什么要帮企业传播分享呢？这就需要企业让他们能够参与到企业的故事、企业的产品中来，从而打造“粉丝”经济。众筹是最有可能的核心“粉丝”的来源，通过众筹，企业抓到的用户其实都是第一批“天使用户”，都是企业的“粉丝”。

只有把这三个点全都抓住了，企业才有可能做一个比较成功的众筹项目，如果这三个点有任何一个点没有被满足，企业都很难做出一个成功的众筹项目来。

1.痛点被满足，产品要尖叫

在创业或者企业的发展过程中，我们怎么才能挖掘到痛点，怎么才能研发出产品的尖叫点呢？我以“三个爸爸”的经验为例总结一下。前文中也提到，我们“三个爸爸”实际上是一个由用户来做的创业项目。我们之所以会创业，众筹之所以会成功，“三个爸爸”之所以会成功的一个重要原因就是客观存在着的一个国民性的痛点——“雾霾和孩子”。

我的太太2013年10月份怀孕，怀孕之后我才发现PM2.5对于我怀孕的太太和我未来出生的孩子的影响会有多大。因为妻子的怀孕我才开始关心健康和安全的问题，通过研究越来越发现PM2.5对孩子的危害性很大，所以我就想找一台真正能够保护孩子的极致的净化器，当时我觉得花多少钱都无所谓，但是一定要能保护好我怀孕的太太和即将问世的孩子。由于之前我对净化器没什么关注和概念，所以当我想找个好的净化器时就只能在新闻媒体上进行搜索和对比，我当时基本上把中国和外国的净化器品牌都看了个遍。后来我发现我的两个朋友陈海滨和宋亚楠也准备给孩子买净化器，所以我们三个就开始在一起研究怎么才能找到一个好的净化器。在寻找的这个过程中我们发现国外的净化器虽然有很好的除PM2.5的效果，但是除甲醛的效果不达标，国内的净化器更是鱼龙混杂，再加上当时中国对于净化器的标准没有一个明确的界限，所以我们更不知道哪个品牌比较好了。

后来我们就去问净化器行业里的一个叫李洪毅的朋友，他一直在做与净化器相关的工作，我们问他国产的哪个净化器品牌比较好，他说国产净化器都不行。因为净化器行业有各种“潜规则”，因为我国对于净化器没有一个明确的标准，包括测量产品质量的标准都不一样。有些企业就算把产品做得非常好但是不畅销，而其他竞争对手的产品确实做得不怎么样但是却可以销售得非常好，所以这个时候就会出现“劣币驱逐良币”的情况。产品好的企业可能因为成本高所以售价就高，产品不畅销导致企业所获得的利润特别低，而产品不好的企业却因为售价低而获得了巨大利润，所以有些企业就觉得产品做好了也没有什么意义，没有什么价值，这个行业的“潜规则”就是没有人会去做特别好的产品。

其实，听到这里我们都特别痛心，我们本来作为消费者愿意花钱去买好的东西，好的产品，但是雾霾在那里摆着，行业“潜规则”在那里摆着，我孩子的呼吸健康在那里摆着，我们作为父亲能不感觉到痛心吗？虽然在最后因为找不到好的净化器我还是将就买了一个，但是我总觉得这个事情并没有完，所以后来我就跟他俩说我们辞职出来创业吧，我们要做一台真正有良心的、健康的、安全的净化器。我把这个净化器放在孩子身边保护他的呼吸，这样我会感觉到很自豪，因为对于父亲来讲，我觉得能够为自己孩子的健康这么重要的事情去努力是一件让我非常骄傲和自豪的事情，所以我们就决定辞职出来创业。

“雾霾和孩子”这个国民性的痛点其实就是我们众筹成功的核心原因。如果我做一个别的无关紧要的产品，不管我们怎么去做社会化传播，我估计我们可能很难做到一个千万级的众筹。关于这个国民性的特点其实在 2015 年 3 月的时候就让人非常心痛了，当时柴静拍了一部叫《穹顶之下》的纪录片，当她说到她的女儿可能一出生就会因为雾霾得良性肿瘤的时候，我就情不自禁地流出泪来，因为我能够很深刻地体会到“雾霾和孩子”的这种关系，很深刻地体会到当看到孩子的健康受到严重威胁时作为父母的那种心痛。所以痛点是众筹能够成功的一个非常重要的元素。

有了痛点之后怎么把痛点变成产品的尖叫点呢？我认为应该把产品做到极致，把体验做到极致，在产品中植入“病毒”让“粉丝”去分享。把产品做到极致就是说生产出来的产品必须要没有瑕疵，完美到极致，这样才能满足用户的需求。将体验做到极致其实是一个控制预期的过程，在前文中提到，实际上用户对产品是有期望的，当你控制住期望，不断和用户的期望做斗争，那么当产品超越用户的预期时就会带来尖叫。

它不是一个静态而是动态的过程，比如你在五星级酒店睡了五星级的床，你会觉得这很正常所以你不会尖叫，但是如果你在三星级的酒店睡了五星级的床，享受到五星级的服务时你就一定会尖叫，让用户体验尖叫实际上就是一个控制预期的过程。因此作为创业者，在做产品时怎么让用户尖叫是我们要思考的问题。找到了痛点，并且让用户尖叫，这样企业的产品就有了众筹成功的可能性。

2.故事加情怀，做好社会化传播

在移动互联网时代中，其实营销就是社交，企业要找到自己的情怀，找到自己产品背后的故事，还要用好自己的新媒体。其实社会化营销的核心只有两个，一个是话题，一个是活动。我们“三个爸爸”作为一个初创品牌，在当时做众筹的时候，还是没有产品、没有用户的，但是我们也做了很多活动，这些活动就帮我们聚集了“天使”的用户。比如我们在8月做了一个“爱心空气监测团招募”的活动，8月21日我们在微博上发布了一条消息，我们要找50个人，给他们每个人一台PM2.5和甲醛的检测器，要求他们去测2~3星期的空气，测完空气之后我们会形成一个报告。当然，这些人不会白忙一场，我们会从中挑出15个人，给予他们净化器内测的资格。当时这个活动非常成功，群众都非常踊跃地报名，大概有几百个人报名，我们只选了50个人。这50个人都非常积极，他们不但去测麦当劳、地铁等地方的数据，有的人还拿甲醛检测器去测面膜，还有的人做了一个小黑板，走哪都带着这个检测器。所谓的社会化传播就是让用户主动参与到企业的事情里来，所以通过这些活动我们实际上就建立了初期的“粉丝盘”。

而这50个用户他们其实后来都买了我们的产品，包括我们免费送的那15个用户他们也同时再买了一台，后来我就问他们为什么我们已经送了一台你们还要再买呢？他们说首先是当时不断地测空气，越测越觉得可怕，一可怕就觉得净化器买一台是不够的。另外就是你们既给我们送了检测器，现在又要送净化器，对我们这么好，所以我们也要回报你。我们支持你们众筹，我们要让你们众筹成功。所以当企业有社会化传播这些东西的时候，就能够让用户更多地参与到企业的事情中来，具备把众筹做成功的可能性。

3.设计参与感，打造“粉丝”经济

我们“三个爸爸”众筹成功的另外一个原因就是我们找到了基础用户，然后我们通过各种方式把他们带到众筹事件里来，真正形成了核心的“粉丝”，这样才做到了千万级的众筹。其实众筹是一件非常难的事情，因为众筹的逻辑是消费者先把钱给你，他看不到任何产品，只能看到几张图片，然后把钱给你等你众筹结束。众筹结束后，企业可能在10~50天之内才能发货，甚至有的产品的众筹期是两个月，众筹结束后再过50天后才可以发货，相当于用户从开始给钱到收到货要110天。中国的用户都是拿了钱后恨不得第二天就能拿到货，所以“京东”商城才会有一日两送的配送体系。这对于众筹来说其实是一个非常难的问题。

怎么才能把众筹做成功呢？其实我一开始接触这个事的时候就在想这个问题，并且我一开始做众筹其实是非常偶然的，我并不是想做众筹，而是想进“京东”，想到“京东”商城去销售。然后那个时候“京东”商城的人就跟我说我现在没有产品，就是签了合同也没用，所以建议我去“京东”众筹，那儿刚开张，并且在那个地方就算没有产品也可以进行销售。于是我就跑到“京东”众筹去咨询，就想做众筹了。

当时众筹的项目经理跟我讲了种种情况后，我心里想这事还挺难。但是他又给我讲了一个故事后，顿时我就觉得机会来了。

他跟我说："戴总你看，你们这企业资源也挺丰富，有群众支持还有黑马会做支撑，所以你们应该定一个 200 万的目标。"我问 200 万是高还是低呢？他说："就现在为止，我们京东做得最好的是 100 多万。"由于当时所有的众筹平台都刚开不久，所以我问那其他平台呢？他说："做得最好的是小K插座，筹到了 400 多万，所以我觉得你们只有做到 200 万，众筹才算成功。"听到这时，我突然跟他讲："金总，我们不做 200 万，我要做 1000 万。"

为什么我会这么想呢？因为我觉得中国的产品销售金额那么高，但是众筹金额却那么低，其实做个 200 万真的没有什么点，所以我要做一个千万级的案例，把我变成案例，这样才能够真正让大家关注到我。当时金总不相信地问道，1000 万能做到吗？然后我就跟他讲了我们有什么资源，我们怎么保证能够做到，讲了许多东西后就把他"忽悠"住了。回去后他就跟"京东"众筹汇报，"京东"金融也决定全力支持我们，所以我们就定下目标：要做一个千万级的众筹项目。

说着容易做起来难，想要做到千万级的众筹项目其实真的非常难，所以为了能够达到目标，我将这个大目标分割成一个个小目标挨个完成。我把第一天的目标定到了 200 万，我想如果第一天能做到 200 万那么千万级就绝对没问题，如果第一天连 200 万都做不了，这个千万级的目标就完全是个幻想，完全做不到。那怎么才能在第一天就做到200万的目标呢？我上文中提到了我们的产品有痛点，有尖叫点，故事和情怀我们都有，因为我们是爸爸为孩子做的产品。但是光有这些是不够的，你还要有个基础人群，必须要有前期能够参与进来的“粉丝”，必须要有实实在在地能够给你交钱的人群。但是通过互联网的广告根本没什么意义，做不到这一点，因为我们必须要跟他们变成中关系和强关系。那这群人怎么找呢？我就想到当时创业家有一个黑马会刚成立不久，里面有3000多个创业者，大部分人都已为人父母，也都有资本，所以怎么调动他们，怎么让他们参与到我们的活动中来就是我们的第一目标。

所以我就想了一个办法，首先我们跟创业家的“爱代言项目”进行商务合作，因为其实如果靠人情让他帮总是一时的，但是如果我们能够把他们调动起来，把创业家的资源都为我们所用的话，那就必须要有明确的商业利益。然后我们就跟他们形成商务合作，我请“黑马会”的副会长杨守彬帮我们做总策划，我们一直在聊怎么才能调动“黑马会”参与。最后我们设计了一系列事件，首先我们定了一个方法让“三个爸爸”去冲击千万众筹，其实这不只是我们“三个爸爸”一个公司的事，而是“黑马会”大家共同的荣誉。怎么做呢？9月12日，我通过“创业家”的官微发表了一篇文章，大致内容是阐述中国为什么没有千万级的产品众筹，现在中国电商的销售都达到多少亿了，但是众筹，这个需要大家支持梦想的行为居然没有千万级的。这篇文章出来之后，过了几个小时我在个人微博上回应说“三个爸爸”创业公司虽然很稚嫩，但是我们希望代表“黑马会”冲击中国的第一个千万众筹，我来领这个任务。过了几个小时后，创业家的官微回话说“黑马”的精神就是把不靠谱变成靠谱，“三个爸爸”作为一个创业公司就敢喊出千万众筹这样的目标，很不靠谱，但是如果“黑马”兄弟一起支持他就能把不靠谱变成靠谱。就这样我们相当于从官方领了一个任务，我冲击众筹至少名义上就不只是为我，同时也是为了“黑马们”。

有了这个任务之后我又让我的合伙人写了一篇文章，因为我觉得只完成这个任务不够，还必须要从情感上调动“黑马们”。合伙人写的文章叫《一路与你同行，我与“黑马”不得不说的事》，写的是我的合伙人在创业时碰到过一个大“坑”，有一天早上他到了公司发现公司里的一二百号人只剩下 10 个人了，他的副总把公司的大部分人拉出去开了一个竞争公司，还拿了他的数据。那段时间他特别痛苦，4 天瘦了 11 斤。正好在这时他加入了“黑马营”，就是在“黑马”兄弟的帮助扶持之下重新走到今天，重新获得了成功。因为这是特别真实的案例，所以文章写得特别煽情，很感动人。我们通过 4 个公众号传了 2 万多的阅读量，基本上“黑马”都看到了，这样我从官方领了任务后又启动了大家的情感——“黑马”的文化就是兄弟之间相互帮助，成则陪你君临天下，败则扶你东山再起。既然“黑马”兄弟的文化就是应该相互帮助，那现在“三个爸爸”代表“黑马”冲击千万众筹是不是得帮他呢？其实我们就是为了这个情感铺垫。

把这个铺垫做完后，我们又设计了三轮集赞转发的活动，第一轮是“京东”众筹的总监金麟给我们下任务，转发集赞达到多少时就给我们“京东”众筹首页的广告；第二轮是“京东”的副总裁徐雷给我们下达同样的任务，转发集赞达到多少

时就给我们“京东”商城首页的广告；第三轮是分众的董事长江南春给我们下达任务，因为他也是个爸爸，所以他很支持我们，他同意当我们转发集赞达到多少时就给我们两周免费的分众广告的支持。这其实是一个特别大的利益，也就是说只要我们让朋友，让“黑马们”转发集赞就能够帮助我们，就能够让我们得到这个利益，让“三个爸爸”得到上百万的广告支持。

很多人会觉得其实我只要动动手指就能够帮兄弟一个这么大的忙，何乐而不为呢？所以大概6天之内我们这三轮集赞的活动就占据了所有创业者的朋友圈，因为“黑马们”都发了，同时“黑马们”又调动其他人发了。由于是转发集赞，所以我也让我所有的微信好友都来帮我转发，就是通过各种方法做到一时间只要翻开朋友圈就全都是“三个爸爸”。以前没有人听说过“三个爸爸”，现在“三个爸爸”突然冒出来了，所以很多人就会问“三个爸爸”是干什么的？怎么忽然冒出来了？

当我们把“三个爸爸”的信息公布出来让大家都知道的时候，我们的卖点、痛点和尖叫点就都出来了，因为我们是全世界第一个专门为儿童研制的空气净化器，我们是三个外行出来创业的，我们创业不到一个月就拿到了千万美元级的投资，这些东西都是非常有故事性的，所以大家看到“三个爸爸”的资讯以后也会被里面的故事和卖点吸引，尤其是有些父母正想给孩子买净化器，当他们看到这是儿童专用的产品，看到它能够做到除PM2.5为零，看到它能够做到除甲醛的指标全中国第一，看到这些跟它相关的痛点和尖叫点时，他就选择了我们的产品。

我们通过三轮集赞这种方式让第一天的众筹变得非常顺利，非常有效果，我们2个小时做到了100万，当天就做到了200万，200万就相当于完成了我们当初的众筹目标。而这200万的众筹目标至少有100多万是跟创业家“黑马会”相关的，是“黑马”兄弟自己买或者调动别人买的。也正是因为这样，我们才有了非常强的基础社群，同时我们又给了“黑马们”很强的参与感，从里面也找到了强关系的“粉丝”。那个时候我每天晚上都在做分享，在我们做众筹之前就分享我对移动互联网传播的认识。当我们第一天的众筹目标成功后，我马上就分享为什么我们能创造中国的众筹记录。其实在社群中，所有的分享重要的不只是内容，更重要的是我们跟用户在互动。每次分享完就会有人加我，这些人大部分都已为人父母，而且刚好需要一个净化器。所以通过各种方式，最终我们第一天的任务就完成了，我们制订的第一个阶段的任务就算完成了。

完成第一天任务之后我就考虑下一步，怎么让大众来参与？我们在优酷的“全民话题社”做了一个辩论，我和那威辩论的主题是——“空气净化器是不是精神产品？”为什么要搞个辩论呢？其实我们的目的是通过辩论让“三个爸爸”的信息更加吸引人，加大群众对我们的关注度。因为如果我去发“‘三个爸爸’净化器出来了，是给孩子专用的”这些消息，看上去则更像是广告，可能没有人会看也没有人会留意。但是辩论不一样，辩论这个事情本身就非常有意思，观众通过看辩论自然就会关注到我们的信息，而且未来还会引来更多的人围观。我还把这个辩论的奖品说得特别诱人，如果我们输了就给观看节目的用户、直播的用户买500份董路的微熏肘子，如果那威输了他就给观看的用户买10台iPhone 6，那时候iPhone 6刚刚出来也特别流行，也就是说通过好的奖品，通过有意思的话题吸引更多人来关注。

而且当时我还和一些社群像“海星会”“风潮社”等都进行了传播和对接，和母婴社群也进行了合作对接，通过这些社群我们既有了一个关注点又有了非常多的流量来源。他们通过关注辩论了解到我们的信息，而我们的信息中是有很多强卖点的，比如我们除PM2.5的效果、除甲醛的效果，包括崔玉涛医生用了我们的仪器以后对我们的肯定，包括国家检测中心的主任对我们产品的肯定等都在我的信息里面。这些信息如果让消费者去看他们是不会看的，但是让他看跟辩论相关的信息他一定会看，而我的信息就埋藏在里面，所以看过辩论之后他们自然而然地就开始关注我们，也决定买我们的产品。我们的产品在辩论之前实际上就卖到800多万了，这已经很不容易了。辩论之后我记得那时候就达到了850万左右。

之后我们还做了一个感恩活动，就是拉动官网外的人来参与。因为当时众筹已经达到800多万，离成功只差150万了，我们的目标肯定能完成。所以我们就跟用户讲：梦想是要有的，已经快实现，请你来帮忙。所以很多朋友也都来参与，帮助我们，支持我们众筹，因为这已经变成一个事件了，变成一个很有意思的传播事件，所以大家都来参与就让我们有了非常好的一个业绩。

如何借用社群力量做众筹

上文中讲到的是在平台上做众筹，除此之外企业还可以在社群里做众筹，通过社群的力量完成众筹。其实在社群做众筹跟在平台做众筹一样，甚至比平台做众筹还要容易。第一步就是做好预热，企业在社群里原本就有明星魅力联结者，这些魅力联结者要传递好企业的价值观，讲好企业的创业故事，传播好企业的文化，让更多用户对企业的品牌和故事了如指掌。

第二步，出爆品。出爆品或者特别好的产品叫产品众筹。产品众筹有功能价值爆点，让用户有完全不同的体验或者给用户非常高的回报。因为在社群中用户本来就很了解企业，现在企业又能给用户一个切切实实的利益的回报，这样就会拉动成员进行众筹。企业要做的就是以爆品为核心去进行众筹设计，比如门槛、股权、估值等各方面。这种方式一定要考虑参与感，把所有对企业了解的人都调动起来，帮企业进行传播或者变成企业的消费者。

第三步，拓展新项目，以爆品为核心，进行众筹的设计。设计众筹跟普通筹钱不一样，比如说开一个店需要30万，并不是说你拿出3万就可以占10%的比重，而是要有一个虚的估值。企业要设计一个好的众筹方案，让参加者第一可以获得产品，没有风险，第二成为股东，有自豪感，这样既能满足参与者的心理，也能给他们带来经济收入，那么这个众筹方案就是一个成功的众筹。

第四步，强扩散。通过强关系影响中关系，通过代理商向下层层扩散，把代理商、员工、用户都拉入新的项目来创造企业的财富梦想。拉入的人越多，企业越能成功。当企业的这个项目有

了十万个用户的时候，那么这个项目想不成功都不可能。

传统企业有无数的线下资源，充分利用这些资源最好的方法就是通过社群把企业的文化理念灌输出去，出一个爆品，玩一个新项目，从而做众筹。只要这个众筹项目成功，企业设计的产品就一定会成功。这是未来企业估值提升的一种坚实的依托。我认为传统企业面临巨大的机会，如果一个企业在一个行业内可以提前玩好这些元素，那么这个企业未来的价值将是巨大的。

众筹模式作为一种最新潮的营销模式，确实能够为企业和社群带来极佳的营销效果，甚至为企业和社群筹集大量的资金、关注和创意。如果社群创建者能够很好地使用众筹模式，找到合适的众筹方式，通过众筹调动“粉丝”的积极性和参与热情，就能起到一举多得的效果。

众筹的发布与预热

众筹项目只有在众筹平台上发布时才能获得大众的关注，才有机会众筹成功。充分地筹划项目的前期工作、精心地规划众筹项目，是项目在众筹平台上得以顺利发布的前提。项目在众筹平台上发布是把项目推送给大众的至关重要的一步。

项目发起人熟悉在众筹平台上发布项目的流程，无疑能提高项目的运作效率。在众筹平台上发布项目的流程包括发起人注册、完善个人资料、发布项目、填写项目基本信息、填写项目详情页、设计回报项目、完成收款信息、提交审核这几大步。

在产品众筹上线前，不应该静静地等待，而是告诉受众，一款他们喜欢的产品即将发布，这款产品有什么地方值得他们喜欢，最后在什么时间、什么地点可以买到这款优质的产品。如果有相关的外部条件，更可以借势传播。比如“三个爸爸”儿童空气净化器在产品众筹前，京津冀等地雾霾特别严重，我们就建议结合空气环境发出呼吁，给孩子创造一片净土，告诉用户我们是什么，我们可以解决什么。绝大多数众筹项目第一周筹集的资金占到最终筹集资金的 80% 以上，所以一项众筹项目成功与否，第一周起着至关重要的作用，企业在进行众筹时，应该把 50% 以上的营销资源投在众筹项目启动的第一周，达到一种“引爆”的效果，让更多的受众关注、了解、参与众筹项目。

众筹的营销是一个“长期”的过程，大多数众筹项目的众筹期都在半个月以上，但社会化媒体营销有着短期、快速引爆的特点，如何把控好众筹的营销节奏是众筹营销的重点，除了众筹前期的预热引爆传播，后续的口碑维护也必不可少。实时的众筹播报、专家的产品评测、用户的体验感言，这些与众筹相关的信息都需要及时精准地传递到目标受众当中，这样才能让更多精准的人群关注并参与到众筹当中。

众筹的限量策略

限量策略是企业在进行众筹时采取的一种营销手段，即企业在众筹某种产品的时候，对于这种产品的数量或者参与的人数等进行数量限制。众筹的限量策略在一定程度上是能起到作用的，因为这能够引起参与者的好奇心和竞争心，为了能使自己成为某种限量产品的参与者，人们会更加积极地促使自己参与进来，从而缩短众筹时间，促进众筹的成功。

企业在进行限量的众筹时，一定要保证参与者的利益，不能让参与者失望。现在有很多企业在进行众筹后会出现“跳票”现象，所谓“跳票”现象是指众筹的项目即使获得了众筹融资，但是仍然会有许多发起者无法生产出已经预演和预售过的产品，仍然有许多产品无法完成交付。“跳票”现象严重损害了支持者的利益，也不利于众筹事业的发展。有时我们会在网上看到很多关于人们对限量众筹的质疑，这对于企业来说是非常不利的。

众筹项目要完成，企业要充分地利用好众筹平台这个全方位展现产品的舞台。为了在有限的众筹时间内预演好项目，企业需要提前数月就开始编写项目计划书，编写创意的文字，制作精美的视频等资料，才能在众筹的平台上预演好项目。此外，还要充分利用众筹平台的预售功能，在融资的过程中努力预售更多的产品，获得尽可能多的生产产品所需的资金。项目预演精彩纷呈，就能吸引更多的准投资者前来关注，预演能展现出项目的商业价值，就能获得投资者的投票。企业需要把团队的业绩、产品、发展方向都展现出来，最重要的是要能充分地阐述项目的投资价值，并回答准投资者关心的问题。预演其实就是推广项目，让更多的人来了解你的项目。预演精彩，就能吸引到更多的投资者购买产品，实现火爆的预售，从而众筹到更多的真金白银。预演和预售做好了，就可能实现众筹融资的成功。

预演和预售都有明确的目标。其目标包括推介项目、寻求风险投资、寻求合作伙伴、提升品牌形象、获得市场检验、降低产品生产风险、打开产品的销路等。实现其中的任何一个目标，对于企业来说都是一笔宝贵财富。

众筹只是创业者或创业公司的预演和预售，企业要做好做大，还需要付出更多。企业需要经营众筹中积累的诚信，不能允许自己犯“无法兑现承诺”的错误，企业需要与支持者建立长期稳定的友好关系，需要经常与支持者互动交流，把支持者发展成企业的代言人、合伙人和未来的投资者。如果企业拥有成千上万名投资者和形象大使，想不做好做大都不可能。

如何调动第一批参与者

要调动第一批参与者，企业就要找到能够支持自己众筹的第一批人，众筹的目的很简单，就是想要获得支持者和资金。那么，这些支持者会是什么人？资金又会被什么人投出？这就需要项目发起者在发起项目之前进行深思熟虑，锁定自己潜在的支持者，只有这样，才可能快速达成众筹目标，获得目标融资额。

在众筹平台“众投天地”成功获得超过50万元投资的北邮“零壹时光”咖啡馆，最初就明确将北邮校友锁定为潜在的支持者。在此基础之上，项目发起者将咖啡馆的主题定位为“北邮+互联网+创业”。根据此定位，发起者清楚地设定了项目的卖点和回报方案，并率先获得了北邮优秀校友的支持，在北邮校友圈内迅速扩散，最终在众筹期间内就完成了众筹目标的168%。

筹集资金时，光靠朋友，毕竟只是小范围内的活动，线下就可以完成，而想要完成众筹，则需要获取大量陌生人的支持。按照经济学的理论，你至少需要在你的支持者中找到4%的铁杆“粉丝”，这些是真正愿意为你的产品或创意买单的人。

有了这4%的用户，再加上长尾理论，就足以让你的众筹项目获得成功。你需要做的就是提前锁定这4%的用户，这部分用户可能处于某一个圈子，也可能是有着同样消费偏好或者是情感诉求的人群。

现在我国国内玩众筹的主要是两类人，一类是“极客”，一类是普通消费者。极客注重参与感，他们希望与你的产品一起创新，一起改进，就算是一个还不成熟的产品，对他们来说都没有关系，这样的人对初创公司的意义不言而喻。就好比MIUI的第一批用户对“小米”来说一样，他们不仅能成为一个产品的根基，还能成为口碑传播的发起群体。

普通消费者看重的则是价格和实用性，如果产品的结果不尽如人意，他们会首先倒戈。但是如果产品满足了他们的需求，他们也能为产品的传播发挥重要作用。尤其是其中一些有着影响力的人，这些人通常是网络世界的大咖，有他们来帮助传播，那你的产品支持者的范围将会迅速扩大。

现在的众筹平台其实也是一个划分社群部落的工具，项目发起人在发起不同的项目后，众筹平台就能为你锁定某个社群，并针对这类人进行市场传播和销售。

在找到了支持者以后，就可以在后续的推广中去精准传播，尤其是寻求一些极客或网络大咖的支持，他们带动起来的力量是无穷的，有他们的号召，自然就会有部分陌生人变成你的“粉丝”。

我们“三个爸爸”除了选对了“京东”众筹这个平台以外，

充分利用网络大咖的传播也是成功的重要步骤。我在“京东”发起众筹的同时，就同步发动了很多对产品有意向的微博微信名人对我们的信息进行转发，并在线下有很多渠道配合宣传，我还上传了一段自己的视频访谈，因此最终筹得了1122万元也不算意外。

在“众投天地”成功筹得50万元的北邮“零壹时光”咖啡馆也是如此，它一开始就将北邮的校友设定为自己的目标支持者，针对北邮校友的群体特性，北邮“零壹时光”咖啡馆将主题设定为“北邮+互联网+创业”，因此首先赢得了一部分北邮的杰出校友的支持，再通过这些杰出校友的传播，最后完成众筹目标也就在预料之中了。

众筹项目的发起人都应该有这么一个共识，首先要明确自己的支持者的范围，想清楚是谁会来支持你；然后在这部分支持者中选择有影响的人士进行重点推广，以达到让他们帮助你传播的目的，当庞大的社群部落建立起来以后，众筹的成功也就不再是难事了。如果你还没有准备好，不如先去一些平台的公测、试用频道，比如“京东”和“淘宝”的试用频道，免费提供你的产品，吸引极客来玩，由于没有交易关系，也就不存在风险，重点是看能不能积累起一定数量的重量级用户。

如何传播扩散

如今的时代早已不是“酒香不怕巷子深”的时代，想要快速打出知名度就要学会“自卖自夸”，最大范围地宣传推广自己的产品或者项目。在推广众筹项目时，我们可以从以下三点入手。

1.组建一支推介团队，进行宣传推广

企业在进行众筹时要组建一支推介团队，保证他们愿意在筹资期间为你提供帮助。

我们“三个爸爸”正是彻底地贯彻了这一宣传原则，除了找了多位营销界、投资界及影视界的名人为“三个爸爸”宣传及在各大楼宇广告投放分众广告以外，他们也为在“京东”的众筹活动准备了一揽子的社会化媒体推广计划。

2.巧用社交网络扩大众筹项目的影响力

我们在看别人的众筹项目时，往往会有这样的感觉：它们几乎顺利得过分，似乎不费吹灰之力就能完成，看着投资额与支持者的迅速飙升，实在是激动人心。

别人为什么能够迅速获得众筹的成功？原因很简单，他们懂得运用一些众筹的技巧。比如，在全民社交的时代，很多众筹项目发起者就充分运用了社交网络的力量，最大程度地宣传推广众筹项目，恰当地运用社交网络的力量去扩大众筹项目的影响力。

纵横交错的关系在社交网站上形成了一张密密麻麻的网，每一个人都是网上的节点；只要一个节点散发出一个消息，整张网就能很快获得相关的信息，这就是社交网络的可怕与神奇之处。同样，如果项目发起人在进行项目推广的时候充分利用社交关系的力量，就能将项目信息快速扩散，迅速建立起项目的影响力，促进项目的快速成功。

3.做好路演，搞定股权众筹

之所以把股权制众筹独立出来，是因为股权制众筹与其他类别的众筹有着一定的不同之处。比如，在进行股权制众筹的时候，项目发起人就可以在项目进行到某个阶段的时候适时进行路演。

股权制众筹在中国发展的美好前景，让越来越多的人对股权制众筹跃跃欲试，想要试一试自己的运气。同时，越来越多的项目创始人也开始运用众筹的手段来进行项目融资，为自己快速找到合作伙伴。在项目进行的过程中，适时地进行路演，将项目更好地展示给大家，将项目的发展前景更好地介绍给大家，就能极大地调动起投资者的投资热情，让众筹项目更快更稳地落地。